T0355794

TU
MUERTE
ES VIDA

LAURA MONTESINOS
@viajarentrelineas

TU MUERTE ES VIDA

Una historia de confianza,
superación y amor eterno

HarperCollins

Editado por HarperCollins Ibérica, S. A.
Avenida de Burgos, 8B - Planta 18
28036 Madrid

Diseño de cubierta: María Pitironte
Imágenes de cubierta: Shutterstock
Maquetación: MT Color & Diseño, S. L.
Foto de solapa: Vicente García-Menacho Rovira

ISBN: 978-84-9139-984-1
Depósito legal: M-24845-2023

*A ti, Manu, porque nuestro amor es eterno.
Y a nuestra hija Rocío, que me recuerda
cada día que tengo muchos motivos
por los que seguir dando gracias.*

ÍNDICE

DARSE Y AMAR,
VERDADERAS CLAVES PARA TRIUNFAR

He de decir que todavía me sorprendo de estar empezando este libro. Si contara todos los planes que yo tenía y lo que después ha sucedido, nos echaríamos unas buenas risas. Y es que mis planes, desde luego, eran otros, y escribir un libro, aunque dicen que es una de las tres cosas que tienes que hacer para tener una vida «completa» antes de morir, no era de mis prioridades.

A mí, que siempre me gustó escribir, soñaba con un blog conocido o acabar de columnista en una revista de viajes relatando mis aventuras por el mundo porque, a pesar de todo, soy una viajera empedernida. Pero hace un tiempo todo cambió, mi vida cambió, y cambió mucho, y entonces me di cuenta de que mis planes no eran míos. Y tuve la suerte de descubrir el verdadero sentido de mi existencia y poder entender también la muerte. Y tanto fue así que un buen día algo en mi interior me pidió que saliese de mí y que contara lo que estaba ocurriendo en mi corazón.

Dicen que las cosas buenas se cuentan y aquí estoy yo para hacerlo. Pero no es tan fácil. Han tenido que pasar años, vivir determinadas experiencias, algunas muy duras, y sobre todo tener un poco de perspectiva de lo ocurrido para poder sacar importantes lecciones de vida. Porque la vida son cuatro días, y en la medida en que aprendemos a enfrentarnos a ella y a saber aprovechar cada momento, podemos sacarle más jugo y no dejarnos nada en el tintero.

Esta historia que me dispongo a contar he de reconocer que me ha costado ponerme a ello, sí, y mucho, en algún momento incluso me he visto tentada a abandonar el barco, porque lo reconozco, me impone abrir mi corazón sin tapujos, detallar lo que ha ocurrido en él y, al fin y al cabo, desvelar parte de mi intimidad. Pero hay algo que me ha hecho continuar, que me ha impulsado a seguir navegando, y es el amor. El amor se comparte, y uno, cuando está enamorado, no puede ocultarlo.

Pienso que si no era ahora, hubiera sido más adelante, porque el ronroneo de mi corazón no me dejaba en paz. He comprobado que el corazón, cuando algo quiere, no descansa hasta conseguirlo. Y es que en realidad considero que esta historia de amor es digna de ser contada. Una experiencia vital que nunca imaginé que me tocaría vivir y que hoy, a pesar de toda la dureza de lo vivido, me mantiene alegre y con muchas ganas de continuar.

Hasta hace un tiempo mi vida estaba complemente planificada. Soñaba con una familia numerosa de tres hijos, un marido bueno al que amar, un trabajo estable como médico, una casa decorada a mi gusto, veranear cerca del mar y viajar por cada rincón de esta tierra. He sido una persona luchadora y muy peleona, así que entendía que si ponía de mi parte, todo eso llegaría de algún u otro modo. Nunca imaginé otro escenario que no fuera ese, porque hasta entonces cada cosa que yo deseaba, siempre con esfuerzo y tesón, había llegado a mi vida. Pero la vida es muy *heavy*, ¡vamos si lo es!, y a mí me dio un tortazo, pero de esos de los buenos, me hizo despertar y darme cuenta de que todo puede cambiar en un solo segundo y que lo realmente importante va más allá de lo que a veces el mundo te ofrece.

Vivimos en ocasiones sometidos a unos cánones de los que se supone tiene que ser tu vida según en el ambiente donde te mueves. Y eso puede ser muy frustrante si al final no lo consigues, porque parece que no has luchado lo suficiente o no eres merecedor de ello. Pero la vida tiene mucho más que ofrecernos, y si abrimos nuestro corazón, existe una realidad que llena toda tu vida y es capaz de cambiarla por completo, y pase lo que pase, siempre a mejor.

El 18 de mayo de 2018 fue un antes y un después, y ya nunca podré ser la misma porque es imposible. Aquello fue un gran despertar para mí, un saber que, aunque los planes que yo deseaba quizás nunca se cumplirían, podría ser feliz a pesar de ello si me fiaba de lo que estaba ocurriendo. Es impresionante cómo puede transformarse un corazón cuando se llena de amor. No es que anteriormente no amara, claro que sí, pero amaba de otra manera, con vistas a esta tierra…, y era feliz, muy feliz. Pero lo que no sabía es que algo muy bueno me quedaba por descubrir, a pesar de todo…, y precisamente de eso va esta historia.

Dicen que nuestra vida es una maravillosa obra de arte en manos de un gran artista, y como tal uno a veces debe dejarse modelar, ser dócil y fiarse de que está en las mejores manos. Y en ocasiones los grandes artistas rasgan, clavan cinceles y a veces los clavan mucho. Pero si uno se deja y no opone resistencia, ese trabajo en manos del mejor artista se convierte en una maravillosa obra de arte digna de ser vista y admirada. Porque, no nos engañemos, el maestro sabe lo que tiene que hacer, él es el experto, y los grandes resultados se ven siempre al final.

Yo me imagino mi vida como esa obra de arte. A mí me han clavado cinceles por todos lados, en determinados momentos he visto las estrellas… y he llorado y mucho, pero he querido siempre fiarme de que estaba en las mejores manos, de que nada era un error y de que todo tenía un sentido. Y desde que me fío, vivo mucho más tranquila, abandonada en los planes de ese gran artista que tiene preparado lo mejor para mí.

Sin más dilación me presento. Me llamo Laura, tengo treinta y siete años, soy madre de una maravillosa niña, trabajo como médico de familia y vivo tan enamorada de la vida que no me lo puedo callar. Nunca pensé, ni siquiera atisbé que algún día contaría una historia como la que contaré a continuación. Pero la vida, si te dejas, no para de sorprenderte, y yo aún sigo ojiplática de todo lo ocurrido. Y aquí estoy, claro que sí, decidida a hacerlo a pesar de todo, porque he visto que realmente vale la pena, sobre todo si a alguien le ayuda, porque repito, las cosas buenas se cuentan SIEMPRE. ¡Allá vamos!

1
A TRAVÉS DE LA VENTANA

Es increíble cómo la vida va haciendo que las cosas ocurran. Y es que ahora mismo me encuentro mirando a través de una ventana que me muestra el lugar donde empezó todo… Mis primeros recuerdos están aquí, en el patio del colegio al que acudí, y hoy, más de treinta años después de aquello, mis ojos se empañan porque me veo reflejada en cualquiera de las niñas que corren por ese patio. Donde los árboles que yo misma intenté escalar están mucho más altos y frondosos y el estanque donde nadaban aquellas carpas naranjas se ha secado. Recuerdo alguna caída que otra mientras saltábamos a las piedras que sobresalían del estanque…, íbamos sorteándolas hasta llegar a la más grande, que hacía la función de isla. A veces nos caíamos, pero es que nos gustaba mojarnos, ya fuera verano o invierno, ese era el juego…, llegar empapadas a casa. Porque cuando eres pequeña te importan pocas cosas, más que jugar y divertirte con tus amigas, y en mi caso hacer alguna que otra pillería, porque yo era así, «pillina» por naturaleza y llena de vida.

Y así veo a esas niñas, llenas de ilusión y fantasías, con sus trenzas y coletas perfectamente hechas, con sus mofletes sonrosados por el frío, pero es que nada importa, porque hoy tienen que jugar. Veo en su mirada la inocencia propia de un niño, esa misma que tenía yo, mirada del que confía pero sobre todo se fía de aquellos que quieren lo mejor para él. Hace unos años —a mí me parece que fue ayer—, estaba igual que estas niñas que ahora mismo corren por los mismos lugares que yo lo hacía. Me veo y jamás pensé que esa niña llena de ilusiones, proyectos e inocencia a rabiar estaría hoy, desde esta ventana que me traslada al pasado, empezando a escribir la historia de su vida.

A través de esta ventana veo tantas cosas… Aquí aprendí a ser quien soy, crecí como persona y me fui labrando un futuro. Me enseñaron la cultura del esfuerzo, que lleva implícita mucha renuncia, y doy gracias por esos esfuerzos que tuve que hacer desde bien pequeña para lograr la excelencia en el trabajo bien hecho. He tenido la suerte de poder trasladarlo luego a mi vida personal, esto es de las enseñanzas más importantes que saqué de aquellos años escolares. Es importante saber enfrentarse a la adversidad desde bien temprano. Evitar esos esfuerzos o sufrimientos puede resultar contraproducente, pues la vida es dura, no nos engañemos, y no por eso deja de ser maravillosa, pero hay que aprender a enfrentarse a los problemas. Y opino que se aprende desde niños, con pequeñas cositas, con «esfuercitos», como yo decía. Es un preparar para el futuro... y la verdad es que con el tiempo, y echada la vista atrás, he entendido muchas cosas. No pensé que podría aprender a vivir determinadas situaciones, sufrimientos fuertes que nunca esperas que te puedan tocar. Me he dado cuenta de que no es algo mío que surgió de la nada, sino que es algo que fui trabajando con el consejo de aquellos que me querían y querían lo mejor para mí... y que llegado el momento, he podido aplicarlo, con errores, por supuesto, pero poniendo empeño en todo lo que ha ido aconteciendo.

AQUELLOS MARAVILLOSOS AÑOS

Entre coletas, libros y amigas fueron pasando aquellos años inolvidables, siempre digo que los mejores de mi vida. Aquel tiempo en el colegio Guadalaviar fue una verdadera vida en familia para nosotras. Mis amigas y yo, cuando nos juntamos, muchas veces acabamos contando anécdotas de aquella infancia feliz en la que nos criamos, entre algunos problemas, como todos, pero al fin y al cabo muy feliz. Recordar historias de aquel entonces me hace esbozar una sonrisa llena de nostalgia.

Desde bien pequeña fui un tanto traviesa, y como he dicho las pillerías eran mi especialidad. Tenía mucha imaginación, y me gustaba jugar a los oficios, entre ellos me imaginaba que era peluquera. Yo no sabía quedarme en un simple juego, a mí me gustaba ir más allá y poner las cosas en práctica. Así que las tijeras azul clarito que utilizaba para hacer recortables en clase de plástica quise que no se quedasen solo en eso, y pensé en darles otros usos. Entre clase y clase me dedicaba a dejar estupenda a alguna de mis amigas. Recortaba flequillos, igualaba puntas y lo que me echasen. Lo que pasa es que la amiga que solía elegir era pelirroja y ella y yo éramos la pareja inseparable. Íbamos siempre mano a mano en toda travesura que se nos pasase por aquellas cabezas. Después de terminar la faena, el pelo rojizo que quedaba en el suelo inevitablemente nos delataba. La profesora lo tenía muy fácil para identificar a las autoras del «delito». Delito que algún castigo nos costó, porque no fueron ni una ni dos veces las que dejamos el baño como un salón de belleza pendiente de limpiar. Y mientras escribo esto, me estoy imaginando a la madre de mi amiga, con qué cara se quedaría cada vez que la niña llegaba a casa. Porque yo la verdad no me andaba con tonterías, me gustaba apurar y cortar en cantidad. ¡Vamos!, que tenía el trasquilón asegurado.

Hablando de melenas, recuerdo aquellos corros en mitad del patio que solíamos formar todas cogidas de la mano cantando Raffaella Carrà como si no hubiera un mañana, y moviendo el pelo a lo loco poniéndonos en el papel de la diva italiana. Ahora lo pienso y si había algún piojo disfrutaría más que nosotras con nuestros bailes. Tenía melenas por las que trepar, saltar e incluso bailar, pero es que a nosotras nos daba igual, nos gustaba sentirnos libres cantando aquel «explota, explota...» y la realidad era que nuestro corazón explotaba de pura alegría cada vez que montábamos aquellos corros.

O quién no ha jugado alguna vez a *Lluvia de estrellas,* el mítico programa presentado por un Bertín Osborne perfectamente vestido de esmoquin, en el que imaginé alguna vez salir. Me ha gustado siempre la música y cantar, así que cada viernes, mientras veía al niño de turno actuar, me imaginaba que un día podría ser yo la que atravesase la puerta que te convertía en una estrella por unos minutos... Al final de cada programa Bertín entonaba con su bonita voz la famosa canción que aún recuerdo a la perfección. La verdad es que yo cogía cualquier cosa que pudiese parecerse a un micrófono... y cantaba, a la vez que soñaba con aquella estrella que llevaba dentro, esa que en realidad todos llevamos dentro. Y no me refiero a nada que tenga que ver con la televisión o el mundo de la fama, sino a la estrella que mueve nuestro corazón y da brillo y sentido a nuestra vida. La estrella del amor.

Yo, mientras jugaba, deseaba dar vida a esa estrella, no sabía muy bien cómo, era pequeña, pero siempre supe que la tenía ahí, que estaba llamada a algo, y que algún día podría brillar con la intensidad suficiente para no quedarme en el conformismo o la mediocridad. Ya desde niña me gustaba soñar a lo grande. Y no quise quedarme en un simple destello de luz, quería trabajármelo para que aquella estrella pudiese resplandecer de verdad. Porque desde luego la luz atrae, acerca y despierta lo que hay alrededor. Una estrella que brilla con la luz del amor, aunque sea en el mayor de los anonimatos, está destinada a un éxito rotundo. Así que, movida por ese palpitar de mi corazón, me puse manos a la obra, busqué sin descanso y di rienda suelta a aquello que me gustaba y me hacía sentir libre.

Escribir ha sido una de esas facetas liberadoras que fui descubriendo poco a poco. En estos últimos años se ha convertido en una maravillosa vía de escape. Entre líneas he podido plasmar tantos sentimientos y momentos vividos que me han permitido descargar todo lo que llevaba dentro y ponerle nombre a cada uno de esos impulsos internos. En realidad siempre me gustó escribir, aunque nunca destacaron mis escritos en el colegio o al menos no fui consciente de ello. Si me pongo a pensar cómo empecé a hacerlo, me sale otra sonrisa al recordarlo. Si algo me gustaba mucho era aprovechar entre clase y clase y, no vamos a mentir, también durante alguna clase que me aburría un poco más de lo habitual, para escribir cartitas a mis amigas. Y digo cartitas porque eran pequeños trozos de papel mal cortado donde nos contábamos de todo.

Por aquel entonces no existían los móviles, era todo mucho más rústico y natural. Lo máximo que teníamos era un teléfono fijo al que nos dejaban llamarnos y por tiempo limitado, porque se pagaba cada minuto, después de terminar los deberes y por supuesto no todos los días. Así que la mayor ilusión para una de nosotras era llegar a casa y ver si alguna amiga te había metido en el bolsillo de la mochila o en la agenda de forma clandestina algún mensajito de aquellos. Uno puede imaginarse el contenido de los mismos, he de confesar que aún conservo algunos y cuando los leo me echo a reír por aquella incipiente adolescencia. Los chicos que nos gustaban ocupaban gran parte del papel, y en ellos dábamos rienda suelta a la imaginación y hacíamos nuestras cábalas a ver quién le gustaba a quién. Era un medio perfecto para contar aquello que nos daba vergüenza, propia de la edad, y muchas veces los utilizábamos incluso para disculparnos y pedirnos perdón. Si los saco, podría escribir unos cuantos capítulos con ellos, pero como no nos competen las conversaciones de unas adolescentes de doce-trece años, lo dejaré aquí.

Una pequeña semilla en mi corazón

Mi vida transcurría como la de cualquier niña feliz, reconozco que nunca me faltó de nada y he sido consciente y agradecida por ello. Mi corazón era inquieto y estaba siempre en búsqueda. Fui educada en la fe católica y desde muy pequeña, prácticamente desde que tengo uso de razón, recuerdo saber de la existencia de Jesús. Me lo presentaron de una forma muy natural a lo largo de los años..., sobre todo en el colegio, y también en casa. Fue formando parte de mi vida sin darme cuenta. Jesús para mí era Dios, un Padre que sabía me quería y que cuidaba de mí y al cual le podía pedir grandes y pequeñas cosas. Esto era algo aprendido, que me habían explicado, pero que reconozco me costaba experimentar. Yo era de esas que me sentaba delante de un sagrario y no sentía nada, me sentía tonta e incluso me daba vergüenza que me vieran allí.

Me doy cuenta ahora de que siempre tuve anhelo de Él, pero aparentemente no lo necesitaba como tal. Recurría a Él en los momentos de necesidad porque sabía que ahí estaba sin excepción, pero yo lo tenía un poco en la sombra. Cualquier práctica que fuera más allá de eso me parecía extrema y exagerada. Estaba bien como estaba. No obstante, nunca dejé de practicar mi fe porque estaba segura de que para mí era bueno, pero ese Dios que había conocido me parecía algo distante y mi relación con Él era de pedir más que de dar. Era lo que se llama una católica de herencia. Mi fe era heredada, enseñada y yo realmente no había tenido experiencia de un Dios vivo en mi corazón. Aun así, no dejé de ser consciente de que todo aquello que ocurría en mi vida era en parte por la mano del cielo, por lo que no dejé de dar gracias a la vez que intentaba poner empeño en cada cosa que hacía, porque si algo tenía claro es que las cosas hay que trabajárselas y que todo cuesta mucho esfuerzo y dedicación. Una especie de «a Dios rogando y con el mazo dando». Por eso desde bien pequeña y porque así lo vi en mi casa, tuve claro que si quería tener un buen trabajo y una vida plena, tenía que poner mucho de mi parte.

2
DOCTORA DE PROFESIÓN, VIAJERA DE CORAZÓN

La medicina rápidamente empezó a entrar en mis planes, aunque previamente, y fruto de la inmadurez, pasaron por la cabeza de la niña que fui varias profesiones que duraron dos telediarios. Contaré por orden cronológico cómo se desarrollaron aquellos deseos, propios de una personita a la que le gustaba, como ya he dicho, soñar mucho.

Con unos cuatro o cinco años tuve el primer deseo fugaz de ser kiosquera. Sí, sí, lo que lees, kiosquera. El mero hecho de pensar que podría estar toda una vida rodeada de chuches y chocolates, con lo que a mí me han gustado siempre, me hacía plantearme un futuro muy dulce.

Rápidamente y con un poquito más de edad quise ser deportista. Sin especificar ningún deporte en concreto. Me gustaba la cultura del deporte y me parecía divertido pasar toda una vida haciendo algo así. La verdad es que nunca he destacado en ninguno en concreto, he sido del montón, sin más. Por eso esa idea se fue disipando rápidamente.

Lo siguiente que pasó por mi cabeza fue algo que sorprendía mucho, no por la profesión en sí, necesaria y maravillosa, sino por la seguridad y por la forma con que lo decía un retaco de unos pocos años. Así que cuando surgía la famosa pregunta de aquellos adultos curiosos que iban buscando respuestas variopintas, ¿qué quieres ser de mayor?, mi respuesta era contundente. La verdad, es una pregunta muy amplia, tanto, que las respuestas que se han podido escuchar acerca de ella darían para un libro, y más cuando se la haces a un niño. Los niños son así, espontáneos y transparentes, y puedes esperar cualquier cosa. Sonrío ahora mientras recuerdo cómo la respondía, siempre muy firme y segura de mí misma:

—Yo quiero ser callista.

La gente se reía y le hacía gracia que una niña tan pequeña quisiese dedicarse al arte de los pies; de hecho, me lo han recordado años después.

—¿Te acuerdas cuando decías que querías ser callista?

Mira si me acuerdo que lo estoy plasmando en un libro y aquí quedará para siempre. Imagino que también sorprendía la forma de responder, porque podología hubiera sonado a algo serio, pero lo de callista tenía su gracia. Yo la verdad pensaba por aquel entonces que la podología sería mi futuro, por eso era tan firme. Aunque es cierto que quizás poco a poco y con la madurez iría definiendo lo que tiempo después y hasta el día de hoy quise que fuera mi profesión.

En mi casa siempre ha estado presente la medicina; mi madre, doctora en Medicina y muy enamorada de su carrera, me lo transmitió desde bien pequeña. Recuerdo verla estudiar o acudir a la facultad para hacer su tesis doctoral. Le hacía mucha ilusión poder compartir su trabajo conmigo, máxime cuando mis dos hermanos mayores ya miraban para otras carreras. Quedaba yo, la pequeña y mimada por ella. Siempre tuve una excelente relación con mi madre, de la que he aprendido mucho en esta vida, sobre todo del esfuerzo y del trabajo bien hecho. Es muy buena y cariñosa, y nunca ha dejado de estar a mi lado, al igual que mi padre, al que me parezco bastante.

Mi madre ha sido abrigo y descanso para mí. Cuando tenía miedo, la llamaba y ella me calmaba, me ponía en su regazo y, allí, yo descansaba. Otras veces me daba su mano y me prometía que todo iba a pasar y que no se iría de mi lado. Recuerdo noches en vela con ella, sin dejarla dormir por los miedos propios de una niña. Lo que es una madre buena, nunca jamás la he visto quejarse por no dormir, por limpiar uno o varios vómitos, por estudiar Medicina durante largas noches mientras criaba a mis dos hermanos mayores cuando mi padre trabajaba horas y horas, por tener nuestro hogar como lo ha tenido siempre de cuidado, por ser nosotros lo primero de su vida, quedando ella en segundo lugar y por tantas y tantas cosas más. No hay madre perfecta, pero yo casi la he tenido.

No le puedo estar más agradecida a Dios por mi familia, con sus peculiaridades y nuestros problemas, que los ha habido como en cualquier otra, porque nada es perfecto y mi familia menos, pero a mí nunca me ha faltado el amor bajo ninguna circunstancia, y eso es fundamental a la hora de ser feliz. La pequeña de tres hermanos con los que me llevo bastantes años, fui deseada y muy querida, no les he dado ningún disgusto gordo a mis padres, porque aunque cabezota y peleona en muchos momentos, era bastante obediente.

Tengo un carácter exigente y perfeccionista, y como he dicho he peleado por alcanzar las metas que yo misma me he puesto. Quise estudiar Medicina y puse los medios para poder cumplir ese deseo. En los últimos años del colegio estudié más que en mi vida y empecé a plantearme la entrada en la universidad. Por aquel entonces me habían hablado muy bien de la Universidad de Navarra, Medicina allí tenía mucho prestigio, así que pedí los papeles para la admisión. Estuve pensándolo mucho, pero al final decidí quedarme en mi tierra, Valencia. Y reconozco que fue una gran decisión, porque realmente no sé lo que hubiera sido de mi vida en Pamplona, pero desde luego algo sí sé, y es que no estaría aquí hoy escribiendo este libro.

Tras pasar con éxito las pruebas de acceso a la universidad, entré en la Facultad de Medicina de la Universidad de Valencia. Ya había cumplido: el esfuerzo, la renuncia y la dedicación habían tenido sus frutos. Me tocaba disfrutar.

LA SALA DE DISECCIÓN

El primero de los recuerdos de aquellos días de inicio de la carrera está en la sala de disección. La asignatura de Anatomía es básica para cualquier médico. Conocer cada esquina de nuestro cuerpo es una obligación; de hecho, es una de las asignaturas con más peso de toda la carrera. Por eso teníamos que pasar por aquella sala donde los cadáveres conservados en formol yacían en mesas de disección hechas en acero inoxidable, esperando para que los pequeños futuros médicos fueran familiarizándose con la vida, el cuerpo humano y, por supuesto, también con la muerte.

La primera práctica la tengo grabada. Esperábamos en la puerta a ser llamados por la profesora. Íbamos por mesas según nuestros apellidos por orden alfabético. Mi apellido Montesinos, al empezar por la eme, estaba a mitad de la lista. Aquella espera, recuerdo, se me hizo eterna. Previamente había hablado con mi madre de mi miedo a los cadáveres. Mi experiencia con la muerte era nula, todo lo que quería lo tenía en esta tierra. A mi abuela paterna no la conocí y mi abuelo paterno había fallecido cuando tenía cinco años, el resto seguían a mi lado, así que jamás había acudido siquiera a un entierro ni era un tema de conversación que yo tocase. Estaba a otras cosas.

Mi madre le quitaba hierro al asunto, decía que me acostumbraría, que aquello que tenía delante no tenía otra función que el aprendizaje y esa era la mirada que debía utilizar. Me repetía con gran cariño que era cuestión de días y que me acabaría acostumbrando. Me armé de valor y, cuando oí mi nombre, atravesé aquella puerta recordando cada consejo de mi madre, vestida con mi primera bata blanca que con tanta ilusión había comprado.

En aquellos momentos, la Facultad de Medicina de la Universidad de Valencia no estaba reformada, la sala era un poco lúgubre y sobre todo poco acogedora y fría, nada que ver con lo que es hoy. El fuerte olor a formol inundaba la estancia. Miré de reojo y allí estaba un cuerpo sin vida, ya no había vuelta atrás. Si quería ser médico, debía aguantar estoicamente la hora de práctica. La cuestión es que aguanté esa hora como pude, se me hizo muy larga, mis manos humedecidas por los nervios sujetaban la libreta donde iba recogiendo apuntes. Miraba el reloj continuamente, intentaba concentrarme y no pensar en cosas negativas. Por fin terminó aquella práctica interminable, salí muy feliz, había conseguido no marearme y de alguna manera superar el miedo absurdo que me impedía disfrutar de ese trabajo que tanto me iba a enseñar.

Fueron días hasta acostumbrarme, en efecto, mi madre tenía razón y empecé a ver esos cuerpos sin vida como verdaderas herramientas para el aprendizaje. Así que en pocos días se convirtieron en las mejores prácticas que he realizado durante los seis años de carrera en la facultad. Allí pasábamos largos momentos investigando, buscando pequeños músculos, encontrando el origen de algunos tractos nerviosos, las diferentes partes del cerebro humano; estudié cómo era el corazón y sus diferentes cavidades, me sorprendió el gran tamaño del hígado humano, lo había imaginado más pequeño. Entendí la funcionalidad del sistema esquelético o cómo es el recorrido de cada una de nuestras venas y arterias. He de reconocer que cuando uno conoce el funcionamiento del cuerpo humano, se llega a plantear muchas cosas, es tan perfecto que me llevaba a preguntarme el origen de esta gran obra de arte que es nuestro cuerpo, y cómo puede estar todo tan bien concatenado para que no haya ningún fallo.

En esa sala de disección aprendí muchas cosas, lo primero a controlar mi mirada, porque a veces influye más cómo uno mira que lo que en realidad está mirando y en todo ello influye mucho la voluntad de uno mismo. Aprendí a superar mis miedos irracionales, esos que no están fundamentados en nada y en los que la cabeza nos puede jugar una mala pasada. Pero sobre todo aprendí a entrar en contacto con lo que en los años venideros sería mi profesión. El médico trata con la vida, pero también con la muerte. En el juramento hipocrático que hacemos al acabar la carrera nos comprometemos a cuidar de nuestros pacientes y velar por su salud. Pero muchas veces llega ese instante de la muerte que tanto miedo y respeto nos da y nosotros debemos estar para acompañar y hacer de ese momento algo muy digno. Y eso lo vamos aprendiendo poco a poco. Qué profesión tan bella y tan humana, qué responsabilidad más grande tenemos en nuestras manos y qué importante es formarse adecuadamente para que, llegadas esas situaciones tan duras que inevitablemente vivimos, sepamos actuar de la mejor manera posible, priorizando la dignidad humana y dando valor a la vida.

Todo esto fui aprendiéndolo desde las primeras clases y prácticas. Y así pasé de no conocer la muerte a tener un primer contacto con ella. No obstante, la veía lejana, pero sobre todo ajena, algo que no iba conmigo y que era de otros. No pensaba en ella porque me imponía, tampoco me había planteado mucho más, tenía dieciocho años y unas ganas enormes de vivir y comerme el mundo.

La vida universitaria

Mis años de facultad fueron un despertar, como el de cualquier joven que pasa de la época escolar al mundo universitario. La exigencia de la carrera y la mía propia hicieron que siguiera estudiando, pero ya de otra manera. No me impidieron vivir la vida que yo quería vivir. En casa tenía bastante libertad para hacer lo que quisiera, siempre hubo confianza en mí por parte de mis padres y no me pusieron muchas barreras para hacer lo que yo deseaba. La verdad, no he fumado ni bebido alcohol nunca, he llevado una vida sana. Tampoco me ha hecho falta, el que me conoce sabe que tengo aguante para rato y que la música forma parte de mi vida. He bailado y cantado como la que más, y lo sigo haciendo porque me da la vida. Raffaella Carrà solo fue el principio. Mi gusto por la música es infinito, soy de esas que no pueden impedir canturrear o mover alguna parte del cuerpo, aunque sea de forma disimulada, cuando suena un temazo. Disfrutona donde las haya, me da igual donde me pille, yo paro y si tengo que bailar, pues bailo. De hecho, tiempo atrás, algunos amigos me pusieron el simpático apodo de Flamenca, no porque baile flamenco, que no sé, sino porque me gustan los saraos, eso sí, que sean sanos, estar con la gente, la música y la alegría en general.

Y algún que otro sarao hubo en la universidad; así, entre apuntes y encierros de semanas para prepararme los exámenes, empezaron mis primeras salidas universitarias y los primeros viajes con amigos. En mi facultad teníamos costumbre, al ser una carrera de seis años, de hacer un viaje de ecuador a los tres de carrera. A mí que siempre me gustó viajar, tuve la suerte desde pequeña de hacerlo con mis padres. Mi padre, viajero por naturaleza, fue el que me inculcó esa pasión. Desde niña he sido muy curiosa y el viajar te proporciona descubrir ciudades nuevas, otras culturas, formas de vida diferentes a las tuyas. Empezó a convertirse en una verdadera afición. Era algo prioritario en mi vida, en mi tiempo libre buscaba vuelos, llegué a saberme horarios de rutas de las distintas compañías, las páginas de hostales juveniles las frecuentaba a menudo y en mi tiempo libre me dedicaba a buscar huecos en el calendario para organizar alguna escapada. Londres, Edimburgo, Berlín, París, Parma, Milán, Florencia, Colonia, Copenhague... Nada se me resistía, cualquier fin de exámenes o algún puente largo era excusa para organizar una salida con mis amigas, a las que también les apasionaban los viajes.

Otra de mis pasiones ligadas al viaje empezó a ser la fotografía. Todos esos viajes iban acompañados de bonitas fotos, me gustaba captar instantáneas y luego verlas con el tiempo. En ellas buscaba belleza, y las repetía tantas veces como fuera necesario para conseguir la imagen deseada. Los que me acompañaban a veces se cansaban de tanta foto, y con razón, pero con el tiempo he agradecido esa manía, si así puedo llamarlo, porque tengo verdaderos recuerdos. Y es que uno nunca sabe lo que va a ocurrir en su vida, yo hoy doy gracias por ser lo pesada que fui, pues no me falta momento importante que no tenga inmortalizado en una buena foto.

Así que esa gran afición viajera me llevó a organizar junto con otras compañeras de clase el deseado viaje de ecuador. Recuerdo recorrernos varias agencias, comparar precios, barajamos varios destinos y al final por votación salió Estambul.

3
EL CHICO DE LA CAMISA DE RAYAS

Eran las nueve de una noche de verano de julio de 2007, aquel avión chárter nos esperaba en el aeropuerto de Valencia para llevarnos a Estambul. Previamente yo ya llevaba estudiada parte de la ruta y los lugares que visitar. Las semanas de antes había contactado con dos amigas turcas que vivían allí, que años antes había conocido en un curso de verano en Inglaterra. Durante el trayecto pasé muchísimo frío por el aire acondicionado tan potente. Al llegar, recuerdo empezar a encontrarme mal y al día siguiente ya me vi metida en una cama, enferma, con treinta y ocho de fiebre y vomitando. Toda mi ilusión se desvanecía por momentos. El año entero esperando ese viaje y yo no me encontraba en condiciones. Llegué a pensar que me lo pasaría metida en aquella habitación de hotel, pues me sentía realmente mal, pero la medicina es maravillosa y un médico acudió a mi habitación y me dio un antibiótico que hizo que la fiebre bajara rápidamente. Así que un día y medio en cama fueron suficientes para recuperarme. Mi viaje comenzaba.

Estambul es única, donde cultura, belleza y tradición se unen para hacer de ella una de las ciudades más impresionantes que he visitado nunca. Tuvimos la suerte de que mis dos amigas nos enseñaron el Estambul no turístico, el que solo los locales conocen, llevándonos a lugares que no están en las guías de viaje y que enriquecieron, si cabe más, aquella experiencia. Por las mañanas nos dedicábamos a visitar los lugares típicos: la mezquita Azul, Santa Sofía, el Bazar de las Especias, el Gran Bazar o el palacio de Topkapi... y por las tardes aterrizábamos en los lugares de moda del momento llevadas de su mano.

Recuerdo una de las noches en aquel bar a orillas del Bósforo, desde donde podíamos ver el famoso puente de los Mártires iluminado, justo debajo de la mezquita de Ortaköy, que enmarcaba aquella estampa típica de foto. La música del momento amenizaba las impresionantes vistas, los yates no paraban de traer gente a aquel lugar de moda. Mientras escribo estas palabras es como si estuviese allí. Gente disfrutando de la noche, nosotras bailando sin parar... Recuerdo sentirme realmente feliz, sabía que lo tenía todo, estaba en una ciudad espectacular, disfrutando de sitios increíbles, haciendo lo que más me gustaba, viajar, con mis amigas, me sentía tan agradecida por tanto... La verdad, recuerdo estar genial, pero para mí no era suficiente, iba más allá, mi cabeza imaginaba compartir todo aquello con esa persona que sabía que la vida tenía esperando para mí.

Enamoradiza, siempre soñé con tener a un hombre bueno a mi lado y que compartiera todo aquello que yo anhelaba en una relación. Por aquel entonces ya había salido con algún chico, pero no llegué a profundizar. Aspiraba a algo más grande. Lo tuve muy claro desde bien joven, quería para mi vida alguien que me completase, que compartiera mis gustos y que quisiera un futuro en común donde ambos pudiésemos remar en la misma dirección.

Ese día, entre canción y canción, se lo hice saber a una de mis amigas, y en mitad de aquella bonita noche, con la mirada puesta en el cielo, le dije:

—¡Cómo me gustaría estar aquí con un chico, Mery!

—Laura, siempre estás igual —me contestó mi amiga entre risas.

Y no me extraña, porque conociéndome no sería la primera vez que yo me imaginaba con el hombre de mi vida a lo largo del viaje. Soy bastante expresiva y, cuando deseo algo, lo suelo repetir, así que supongo que mi amiga María ya me había escuchado algo así más de una vez. Pero es que tenía algo en mi interior que me susurraba que ese deseo algún día se cumpliría. Lo que no sabía es que iba a ser tan pronto, pues poco tiempo después mi vida cambiaría para siempre.

Un cumpleaños que no olvidaré

Un par de meses antes de aquel viaje, un 12 de mayo de 2007, como celebración de mi vigésimo primer cumpleaños, que había sido tres días antes, decidimos salir a cenar para celebrarlo. Esa noche habíamos planeado primero cenar y luego ir a un sitio de moda en la Marina de Valencia. Aquí se celebraba la famosa America's Cup, la competición de vela más importante del mundo.

Valencia estaba llena de sitios nuevos, había mucha alegría en las calles. Se había construido una marina llena de restaurantes y terrazas con música donde iban los regatistas y sus equipos. Había una terraza en concreto que era el lugar idóneo para «ver y dejarse ver»: la terraza de Estrella Damm. Así que ahí nos fuimos mis amigas y yo. Esa noche estaba pletórica y feliz de poder celebrar mi cumpleaños, pero algo no sabía... y es que ese día iba a empezar a abrir el regalo de cumpleaños más importante de mi vida.

Allí, entre tanta gente, había un grupo de chicos; uno de ellos era amigo de mi amiga Blanca, que venía conmigo, y otro concretamente no dejaba de mirarme. Me giraba y allí estaba él, mirándome. Iba al baño y mientras pasaba me volvía a mirar, levantaba la cabeza y ahí lo tenía observándome con aquella mirada penetrante y llena de brillo. A mí la verdad no me llamó en absoluto la atención, nunca supe el motivo, porque en realidad era guapísimo, pero lo encasillé sin conocerlo en ese tipo de chicos que creía que a mí no me gustaban. Iba perfectamente vestido con su camisa de rayas roja, pantalón chino color *beige,* raya al lado, pelo ondulado engominado y mocasín. Para no llamarme la atención, no me ha faltado detalle en la descripción, lo sé, quizás sería el subconsciente, el hecho es que recuerdo cada detalle de esa noche y la siento tan cercana como si fuera ayer.

Al acabar la fiesta cogimos el coche para volver a casa, conducía yo. Paramos en el primer semáforo y, mientras comentaba con mis amigas todo lo ocurrido, miré a mi izquierda, y mi sorpresa fue que el vehículo que estaba parado a mi lado lo conducía aquel chico de camisa de rayas y otra vez me estaba mirando. Esta vez con su sonrisa. Seguimos varias calles un coche pegado al otro, aceleraba y él me seguía, frenaba y él frenaba para ponerse a mi lado, curiosamente llevaba de copiloto al amigo de mi amiga Blanca y yo a esta a mi lado, ya estábamos todos fichados. Llegó un momento en que cada uno tomó un camino diferente y la noche acabó ahí.

El fin de semana siguiente después de aquello decidimos acudir a la inauguración de otra terraza, L'Umbracle. Era mayo, los exámenes estaban al caer y aprovechábamos los últimos fines de semana para salir y conocer gente. Este sitio era otro de esos lugares donde había que estar. Recuerdo la llegada a aquella terraza, un umbráculo situado en la Ciudad de las Artes y las Ciencias de Valencia, cubierto de incipientes enredaderas. Albergaba todo tipo de árboles iluminados por una luz más morada que rosa. La zona central estaba presidida por un pasillo donde la gente bailaba o tomaba algo. Mis amigas y yo pululábamos de un sitio a otro entre bailes y risas, la noche había pasado volando, llegaba la hora de volver a casa.

La salida estaba al final del pasillo, recuerdo pasear por él, de repente girarme y ver a un grupo de chicos. Pasé de largo, pero algo me hizo volverme, cuando giré mi cabeza no me lo podía creer: el chico de la camisa de rayas del fin de semana anterior estaba otra vez mirándome con su mirada penetrante. Ese día también llevaba camisa, esta vez sin rayas. Quise pasar por su lado y me sonrió de nuevo, como lo hizo una semana antes desde su coche. Me cogió del brazo, la música sonaba, así que se acercó y, hablándome al oído, me preguntó mi nombre:

—Me llamo Laura —le respondí.

Ahora me tocaba a mí, me acerqué a su oído y le pregunté:

—¿Y tú, como te llamas?

Paco, entendí.

—Ahh, encantada, Paco.

—No, no. No me llamo Paco…, me llamo Manu —me contestó entre risas.

Aquella conversación duró escasos minutos, debíamos irnos. Mi amiga Blanca, que iba de copiloto en mi coche la semana anterior, amiga del copiloto de Manu, era muy casamentera. Días después me confesó que le había dado mi teléfono a su amigo para que se lo diera a Manu. Yo la verdad no tenía mucho interés y se me olvidó rápido todo aquello. Pero dos semanas después de volver de mi viaje a Estambul, donde tanto había disfrutado a la par que soñado con ese hombre que sabía que llegaría algún día a mi vida, recibí un mensaje de texto en mi teléfono: «Hola, Laurita, no sé si te acordarás de mí, soy Manu, el amigo del amigo de tu amiga Blanca, ufff, qué lío. Nos conocimos en L'Umbracle. Me hubiera gustado escribirte antes para ver si quedábamos un día, pero he estado fuera un mes y pico. Estarás alucinando, pero si te apetece que nos tomemos algo una tarde, estaré encantado. Un beso».

El mensaje he de reconocer que me gustó, pero no tenía mucha fe en que aquello fuera a llegar a buen puerto, ya que como dije no me impresionó de primeras. Nunca me he cerrado puertas, considero que hay que dar oportunidad a las cosas que van sucediendo a lo largo de tu vida, así que al final quedé con él. Eso sí, no quería estar mucho rato por si se me hacía largo, por lo que le dije de quedar a las siete y media para en hora u hora y poco terminar si la cosa me aburría.

Pocos días después del mensaje nos vimos, pero, como he dicho, a las siete y media de la tarde. Mientras llegaba a la terraza donde habíamos quedado, de lejos pude ver cómo me esperaba. Aún no era de noche y la luz me dejó ver mejor su rostro. Era alto, estaba más moreno y lo vi mucho más guapo. Algo me llamó la atención, estaba nervioso, pues se movía de un lado a otro mientras me esperaba. Al llegar nos saludamos, nos sentamos en la terraza y nos pusimos rápidamente a hablar. Recuerdo que aquella conservación fluyó desde el primer momento, era como si nos conociéramos de antes. Él tenía en ese momento veintiséis años, cinco más que yo, y ya estaba trabajando. Me contó que se dedicaba a la banca de inversión y que era un enamorado de su profesión. Aquello de tener a un hombre a mi lado que trabajase y que fuera un poco mayor empezó a captar mi atención. También hablamos de nuestras familias, de sus gustos y aficiones, es curioso porque en esa primera cita ya nos dimos cuenta de que teníamos mucha gente en común, mucho en común… La hora y poco que había planificado para que la cosa no se hiciera pesada resultó que pasó demasiado deprisa y, de repente, el chico que parecía que no iba conmigo compartía bastante más de lo que yo hubiese imaginado nunca antes.

Nos dimos dos besos al despedirnos y dijimos de vernos otro día al volver de sus vacaciones en Mallorca. Se iba al día siguiente. Después de aquel café llegué a casa y en el espejo del ascensor me miré y vi una gran sonrisa… Algo estaba naciendo en mí. Tras esa primera cita mantuvimos el contacto y no dejamos de hablar ni un solo día. El tiempo mientras hablábamos pasaba demasiado rápido, tanto, que acabó adelantando su billete de vuelta para poder volvernos a ver lo antes posible. Manu era un chico de esos que iba a por todas en la vida, nada se le resistía, lo que quería luchaba por tenerlo. Si algo realmente le interesaba, no veía obstáculos, solo veía oportunidades. Conmigo hizo lo mismo siempre, quería estar a mi lado y lo demostró desde el primer instante. Si para eso había que adelantar un billete, lo hacía, no perdía el tiempo, no había imposibles para él. Ese detalle fue muy revelador, nadie antes había demostrado tanto interés por mi persona. Me gustaba que se preocupasen por mí, que me cuidasen, que tuvieran el detalle de ponerme en primer lugar, y Manu no tuvo reparo en hacerlo desde el principio.

UNA NOCHE EN EL MONTGÓ

Pocos días después de cambiar su billete de vuelta lo tenía debajo de mi casa de la playa esperando para llevarme a algún lugar que yo desconocía. Esta vez cuidé cada detalle de mi vestuario, quería estar guapa para él. En cuanto me dijo que había llegado, bajé rápidamente, y allí lo vi de nuevo, mirándome con esa mirada profunda que tanto le caracterizaba. Me sonrió al verme. Otra vez llevaba una camisa de rayas azules que destacaba con el moreno de su piel. Ahora ya no lo vi guapo, lo vi guapísimo. Me dio dos besos, me abrió la puerta de su coche descapotable y me dijo:

—Lauri, te llevo a un sitio sorpresa.

El contexto era el siguiente: tenía veintiún años y estaba sentada en un coche descapotable, con el pelo al viento y de camino a un lugar desconocido que parecía iba a ser idílico. Yo le miraba de reojo y en mis adentros decía: «¡No puede ser que me esté ocurriendo esto a mí!», pero era real, estaba a su lado, hablando de mil cosas, haciendo mil planes, era un enamorado del mar como yo. Me contaba mientras íbamos bordeando la costa que le apasionaba navegar. Cómo desde pequeño había disfrutado de la vela y de salir al mar. Me iba cautivando cada vez más y más y yo solo quería parar el tiempo. Mis sueños empezaban a hacerse realidad.

Caía la tarde, con el coche subíamos la montaña del Montgó, dejando atrás unas vistas espectaculares de la Costa Blanca, mientras de fondo sonaba *The ping pong song* de Enrique Iglesias.

Yo respiraba hondo el aire que golpeaba en mi cara e intentaba grabar en mi cabeza y corazón acelerado por los nervios cada instante de aquel momento. Estaba invadida de felicidad.

Al llegar arriba de la montaña paró el coche, dimos un paseo y, bajo el faro que descansa en lo alto de aquel lugar, nos pusimos a ver cómo el atardecer caía sobre la bahía de Jávea. Seguimos hablando, no podíamos parar…, hasta que el sol se puso. Pero la sorpresa continuaba, quiso llevarme a un restaurante en mitad de la montaña donde todo estaba perfectamente puesto y la comida era exquisita. Allí, mientras cenábamos bajo un cielo estrellado e inmersos en una brisa que erizaba mi piel, de alguna manera quiso decirme que aquello que estábamos empezando a vivir quería formalizarlo.

Después de lo que he contado uno puede suponer mi respuesta. Ni en mis mejores sueños había imaginado una persona como la que yo tenía en esos momentos delante. Es cierto, nos conocíamos de muy poco tiempo, pero de verdad que no hacía falta más, era un estar en casa y saber que era él. Ya no tenía que seguir buscando y esperando más, mi corazón latía con fuerza, me repetía, ¡es él!, ¡es él!

Aquello lo recuerdo como si fuera ayer, esa sensación del corazón de saber que estaba con la persona adecuada. Muchas veces me han preguntado lo típico de «¿y cómo uno puede saber que esa es la persona?, ¿cómo tenías tan claro que fuera él?». Mi opinión es que realmente esto es una experiencia interior muy personal. Pero algo tengo claro, y creo que puede ayudar a responder esta pregunta, y es que el corazón nos habla continuamente y nos susurra cosas, intuiciones. Son lo que yo llamo pálpitos. A lo largo de mi vida he ido educando estos pálpitos, y uno sabe cuando no está en el camino adecuado porque no hay una conformidad total, no existe completa paz y hay dudas. De hecho, he tenido equivocaciones que con el tiempo me he dado cuenta de que no hice caso a esa intuición interior, que quizás no tuve la paciencia de esperar a que llegara una opción mejor o de buscarla. Porque cuando uno está en el camino adecuado, aunque existan los baches y obstáculos propios de la vida, tiene la tranquilidad, el sosiego y la paz para sobrellevarlo, y, por tanto, sabe que está en la dirección correcta.

Con Manu pasó lo mismo, tal vez con él lo tuve muy claro desde el primer momento, porque la evidencia a veces es aplastante, pero a mí no me hacía falta mucho más para saber que la persona que tenía delante era con la que yo quería pasar el resto de mi vida. Así se lo hice saber a mi amiga Blanca al día siguiente de aquella noche maravillosa que no olvidaré nunca. Blanca había sido la artífice de todo esto, ella había dado mi teléfono a su amigo, ella había intuido que aquel chico era para mí, pero lo que no se esperaba es que tan poco tiempo después en esa llamada telefónica yo le dijese:

—Blanca, me voy a casar con Manu, es el hombre de mi vida, no sé ni cuándo ni cómo, pero que sepas que yo me caso con él.

4
«ERES MI ORGULLO, LAURA»

Así surgió mi relación con Manu, aquel agosto de 2007. Los primeros meses viví en una auténtica nube. Mi vida giraba en torno a su persona, seguía estudiando y acudiendo a la facultad, pero algo comenzaba a estar en el primer escalón de mis prioridades... y ese era Manu. Sentía una gran admiración por él, su profesión, sus amigos, sus virtudes... Era muy completo. Tenía todo lo que quería en un hombre. Recuerdo querer pasar mucho tiempo a su lado; cada tarde, al acabar el trabajo, pasaba por mi casa y paseábamos o nos íbamos a cenar. Los fines de semana quedábamos con amigos, la cuestión era estar juntos siempre. Era cierto..., me estaba enamorando.

DEL ENAMORAMIENTO AL AMOR

El enamoramiento es algo tan maravilloso que me quedo corta al describirlo. Cuando lo veía, mi corazón se aceleraba y recuerdo que nos costaba mucho despedirnos. No sé si eran mariposas en el estómago o qué eran, pero me sentía plena, la sonrisa era perenne, su mirada me atrapaba. ¿Podía ser más feliz? Cada día que pasaba corroboraba ese pálpito que tuve aquella noche estrellada en el Montgó. Era mi media naranja, me complementaba y sentía una gran seguridad cuando estaba a su lado.

Al llegar a casa me iba a dormir tras recibir un SMS en mi móvil Nokia que decía: «Te quiero, peque». Y despertaba con otro SMS: «Me vuelves loco». El día empezaba de otra manera con aquellas palabras, yo no me quedaba corta tampoco, aunque no era tan cariñosa, pero un te quiero no faltaba nunca. Me sentía tan querida que me daba igual lo que ocurriera, lo tenía a él, y con él me iba al fin del mundo.

El tiempo juntos era oro, siempre tuvo mucha ironía y una gracia innata para contar historias. Hay una que me gustaba escuchar y le pedía que de vez en cuando me la contara, y es cómo hizo con unos veinte años de «detective» durante semanas hasta averiguar quién le había «tomado prestada» su moto. Sospechaba de una persona y no dudó en hacer guardias nocturnas en un garaje, seguir al sospechoso e incluso sacar algunas fotos que lo demostraran a la luz de los hechos. Manu iba a por todas. Lo mejor es cómo lo relataba, tenía la capacidad de captar tu atención y generar tal expectación que te mantenía en vilo hasta el final. No hará falta que diga que efectivamente averiguó quién era y hasta recuperó la moto. Un verdadero crac.

Esos primeros meses fueron un regalo. El tiempo nos ayudó a conocernos mejor y poco a poco fuimos aterrizando. Yo... al menos, porque sí, vivía en una nube, en un cuento de hadas y princesas, en una peli romántica donde era la protagonista. Una especie de Rose, el personaje principal de un Titanic que nunca creía que pudiera hundirse. Vamos, que estaba enamorada de él hasta las trancas.

Pero todo llega, y gracias a Dios, porque aquello era demasiado peliculero. Nos dimos cuenta de que ambos teníamos mucho carácter. Yo cabezota y peleona; él, cabezón y peleón. La mezcla perfecta para una potente explosión. Así que las discusiones empezaron a aparecer, y comenzamos a discutir bastante. Aquello fue necesario, darnos cuenta de nuestros defectos y limitaciones, de nuestras contrariedades y de que todo no eran rosas ni nenúfares. Por fin tocábamos tierra, y aunque nos amábamos profundamente, entendimos que debíamos moderarnos y cuidarnos para que lo que teníamos entre manos, un noviazgo precioso, pudiera llegar a buen puerto. Todo ello nos hizo crecer como pareja y consolidar más nuestra relación.

Aquello que empezamos iba fraguando con el paso de los años, y el enamoramiento dando paso al amor.

Todo era más relajado y reposado, y ese amor, que comenzábamos a consolidar, sabíamos que estaba cimentado en algo más grande, éramos conscientes del regalo de vida que teníamos y dábamos gracias a Dios por ello.

Manu había sido educado como yo en la fe católica, compartía conmigo las mismas inquietudes interiores, creía en Dios y practicaba su fe. Más o menos estábamos en el mismo punto, acudíamos juntos a la iglesia, pero nuestro corazón estaba en otras cosas... En nuestra relación, familia, trabajo, amigos, viajes... La tierra seguía atrapando, y es que las cosas nos iban muy bien, vivíamos rodeados de amigos y éxitos personales y profesionales.

ELEGIR EL PLAN B

Él iba creciendo en su trabajo y yo a punto de terminar la carrera y empezar el encierro para preparar el famoso examen MIR —Médico Interno Residente— que me llevaría a iniciar la residencia en alguna especialidad.

Aquellos meses de estudio para preparar el examen tras la carrera los recuerdo duros. Solo tenía el domingo libre y estudiaba de sol a sol. No me faltó el apoyo por parte de Manu nunca, tuvo mucha paciencia, yo estaba agotada y los sábados, cuando me recogía de la academia a las nueve de la noche, a veces salía de mal humor. El simulacro del examen MIR que hacíamos cada dos semanas no siempre cumplía mis expectativas.

Empecé la carrera queriendo ser dermatóloga. Con el tiempo me di cuenta de que era un gran objetivo, pues debías estar aproximadamente, depende del año, entre los primeros doscientos puestos para poder obtener plaza en algún hospital valenciano y nos presentábamos unos diez mil aspirantes. Yo no quería moverme de Valencia, irme suponía estar cuatro años fuera de casa... y no me gustaba estar lejos de él tanto tiempo, así que fui barajando otras especialidades. Finalmente me presenté al examen y cogí psiquiatría en un hospital en Castellón.

La mente humana es inconmensurable..., un horizonte sin límites; me gustan las personas y el trato con ellas. He de reconocer que aquella especialidad me atraía, y quizás lo hubiera hecho bien, pero en mi cabeza rondaba algo y en mi corazón también. Algo me decía que ese no era mi sitio, solo llevaba seis meses, pero no me veía de psiquiatra toda una vida..., de nuevo, un pálpito..., lo pensé mucho y le di muchas vueltas. Aquello no era para mí, así que me armé de valor y un día se lo dije a mi tutor:

—Dejo la psiquiatría.

Salí triste de la consulta, había sido feliz todo ese tiempo, podría haber tenido madera de psiquiatra. De hecho, me intentaron convencer para que me quedase, pero mi corazón me decía que no, tenía veinticuatro años y mucho miedo a equivocarme, mi futuro profesional estaba en aquella decisión.

Recuerdo el trayecto hacia mi casa, mientras conducía, las lágrimas empañaban mi mirada. Llamé a Manu. Necesitaba que alguien me dijese que no estaba en un error.

—Manu, tengo miedo…, ¿me habré equivocado?

—Lauri, ya has tomado la decisión, debes mirar hacia delante. Con el tiempo podrás ver que no te has equivocado. Eres joven y tienes toda la vida ante ti. Eres mi doctora favorita. Y estoy muy orgulloso de ti.

Aquellas palabras calmaron mi pesar y estaban llenas de verdad. Manu admiraba mi profesión y me animaba mucho para que yo fuese feliz en este aspecto. Le gustaba decirme con gran frecuencia: «Eres mi orgullo, Laura». Le encantaba decir que tenía una novia médico, lo iba proclamando a los cuatro vientos, a mí hasta me daba vergüenza a veces… Tanto es así que si veía a alguien en apuros, me avisaba:

—¡Lauri, corre!, te necesitan.

Me he visto asistiendo gente en un cine en mitad de la película *Lo imposible,* en la calle he tenido que parar más de una vez por alguna caída o desvanecimiento, y siempre animada por él. Pero lo más curioso fue un día de junio en medio del mar.

Estábamos fondeados en el velero de un amigo en la cala Sardinera, en Jávea. El mar estaba plano y se reflejaban sobre él los rayos de un sol intenso, estaba todo en un silencio únicamente interrumpido por el sonido de las chicharras que nos recordaban que el calor empezaba a apretar. Disfrutábamos con amigos de una buena comida, no había mucha gente, aún no había empezado la temporada estival, mientras tomábamos el sol, de repente, se escuchó:

—¡¡Ayuda!! Un médico, por favor, un médico, mi marido no responde. ¡¡¡Ayuda!!!

Manu me miró y me dijo:

—Lauri, es tu turno.

Rápidamente subió el ancla y maniobró para acercarme a aquella lancha en la que se encontraba el enfermo. Así que allí me vi yo, en mitad de una cala, saltando de barco en barco, con lo puesto, es decir, descalza y en traje de baño, intentando espabilar a un hombre que parecía se había desmayado. Solo tenía mis manos, una botella de agua y palabras de ánimo. Al llegar ya estaba medio consciente, le grité que si me oía, le tiramos agua en la cabeza y le levantamos los pies por encima de la cintura. Empezó a despertar, tenía pulso, todo apuntaba a un cuadro sincopal fruto de estar horas al sol. Al poco rato de estar allí se recuperó totalmente y aquello pareció quedar en un susto. Le di unas recomendaciones y volvieron a por mí.

Uno se puede imaginar la expectación… Todos los barcos tenían la mirada puesta en la escena, pero el que más me miraba era él, Manu, con aquella mirada profunda que tanto le caracterizaba.

—Muy bien, Lauri —me dijo al recogerme.

Como siempre, se sentía orgulloso de ello, yo no sabía dónde meterme para que me dejaran de mirar. Me cogió de la mano y me ayudó a saltar de nuevo al velero, seguimos con nuestro día, disfrutando del mar. No había mejor plan para nosotros…: amigos, calor y una cubierta donde tostarnos al sol.

Así era él, le gustaba verme en acción, trabajando…, y tenía su confianza puesta en mí. Por eso, cuando tuve que renunciar a mi plaza de psiquiatría, lo vio como un reto, nunca como un fracaso, me animó a seguir y a luchar por conseguir mis objetivos.

Aquella misma tarde en la que dije a mi tutor que me iba y abandoné, por tanto, mi futuro como psiquiatra, empecé a estudiar el MIR una vez más. Me esperaban otros meses durísimos, otra vez el encierro, las horas interminables de estudio, el mal humor… El miedo al fracaso me invadía. ¿Y si no sacaba lo que esperaba?

Me presenté de nuevo, otra vez aquel nudo en el estómago, los minutos previos hasta empezar el examen se hicieron interminables. Yo ese día no me encontraba bien. La cena de la noche anterior me había sentado mal, sentía náuseas, que unidas a los nervios, hacía que no fuera el mejor de mis días. No obstante, no impidió que Manu me llevase a la basílica de la Virgen de los Desamparados aquella mañana previa al examen. Nos fuimos los dos y nos sentamos a sus pies, y allí me vi frente a la Virgen pidiéndole que el examen diera sus frutos, y que pudiera escoger lo que fuese mejor para mí y para mi vida.

Finalmente acudí por la tarde al examen y pude hacerlo; a pesar de no estar al cien por cien, puse toda la carne en el asador. Aquello de encontrarme mal no era la primera vez que me pasaba en un examen importante, ya que en las pruebas de acceso a la universidad, la famosa selectividad, me pasó algo peor. Cogí una mononucleosis infecciosa que me dejó KO más de diez días, pero esa vez no había alternativa alguna, tenía que presentarme sí o sí. Por aquel entonces la selectividad duraba tres días en los que hacías varios exámenes de las diferentes materias. El primer día acudí con treinta y ocho de fiebre, el segundo con treinta y nueve y el tercero llegué a los cuarenta grados centígrados… Recuerdo que me pusieron en la puerta de la clase por si necesitaba salir al baño. La verdad, no hizo falta, el paracetamol en estos casos es maravilloso y, además, uno, en los momentos claves de su vida, saca fuerzas de donde no las hay. Aquellos días iba del examen a la cama y de la cama al examen, pero el esfuerzo de todo un año preparando la prueba hicieron que no se notara en los resultados finales.

El examen MIR fue otra cosa, el examen no salió mal, pero no como yo esperaba, de nuevo. Era la segunda vez que me presentaba buscando alcanzar mi gran objetivo, dermatología. Ahora, y con la vista atrás, doy gracias por aquello, pues fue una gran lección de humildad, pero entonces me generó frustración. Mis planes no habían salido como deseaba, tenía veinticinco años y hasta entonces había conseguido todo lo que me había propuesto, pero por primera vez tocaba elegir el plan B.

Escogí medicina de familia en un hospital valenciano, convencida, porque quería ponerme a trabajar y aprender esta profesión a la que tantos años de estudio le había dedicado. Sabía que era una especialidad completa, donde podría palpar la medicina real y que me haría aprender mucho. Me puse manos a la obra, tenía muchas ganas de empezar a ejercer mi carrera.

5
EN UNA CALLE DE PARÍS

Poco tiempo después de aquello, un viernes por la tarde, me vi sentada en un avión no sabiendo muy bien a dónde iba, una gran sorpresa me esperaba. Al aterrizar me di cuenta de que había llegado a París. Esa tarde la ciudad estaba preciosa, un taxi esperaba en la esquina de aquella *rue*... Manu me había avisado de que me pusiera guapa para la cena. No dudé en ponerme el mejor vestido que tenía. Cuidé con esmero cada detalle, algo me decía que la noche prometía. Me metí dentro de aquel taxi, Manu estaba allí a mi lado silencioso y mirando por la ventana. Yo lo miraba de reojo, no me había dado muchos datos a pesar de que se los había intentado sonsacar, y le había inflado a preguntas las horas previas, muy típico de mí. Él había respondido a todo con gran coherencia y me había dicho que simplemente iríamos a cenar a un sitio de la ciudad que le habían recomendado. Por mi cabeza, a la misma velocidad que atravesábamos las calles, pasaban muchas cosas, llevábamos mucho tiempo juntos, cinco años, y nuestra relación nos pedía seguir avanzando en el amor. Manu no sabía disimular y se le veía todo en la cara, pero esta vez parecía no ocultar absolutamente nada, por lo que permanecí pensativa durante todo aquel trayecto.

Fue entonces cuando se puso a hablar en francés con el conductor. Yo no sé francés, y no entendí mucho, pero me di cuenta de que parecía estar haciendo un cambio de rumbo. De repente, el taxista paró el coche en mitad de una calle residencial, alejada de comercios y restaurantes, y Manu me pidió que bajara. No quise preguntar, pero sabía que aquella parada no nos llevaba al restaurante que me había comentado.

Bajé y nos pusimos a andar por sus calles repletas de casas señoriales. Realmente no sabía dónde estaba, Manu conocía mucho París, así que me fie de él. La ciudad estaba iluminada, no había ni una sola nube… Brillaban cada una de las estrellas y, a pesar de que estábamos en septiembre, el frío empezaba a asomar. Me sentía genial a su lado, como siempre, pero esta vez estaba algo inquieta. Seré sincera, empezaba a olerme algo, pero no sabía muy bien de qué iba aquello. Quise mirar al cielo, y allí estaba. La vi asomar entre los áticos de los edificios… La cúspide de una torre Eiffel perfectamente iluminada:

—Mira qué bonita está, Manu —le dije entonces.

No respondió nada… Al bajar mi mirada, y en aquel mismo instante, vi en la fachada de una de las casas de aquella calle una foto nuestra proyectada. Y allí, mientras caía la noche, en una calle solitaria de París desde donde se contemplaba la torre emblemática francesa de fondo, empezaron a pasar fotos nuestras desde el inicio de la relación hasta los últimos días previos a aquella noche... con la canción *Marry you,* de Bruno Mars, de fondo.

Al mismo tiempo que pasaban nuestras fotos pasaron por mi cabeza y también por mi corazón aquellos cinco años. Las imágenes iban recordándome muchas cosas vividas, grandes conversaciones, momentos inolvidables, baches superados... Me acordé de aquella conversación con Blanca de años atrás donde yo había vaticinado sin casi conocerlo que me casaría con él... y entonces mis ojos empezaron a empañarse. Manu me miraba fijamente y sonreía mientras veía pasar cada una de aquellas instantáneas. Tenía curiosidad por ver de dónde salían, no se le escapaba ni una, se había traído un proyector portátil que sujetaba él mismo con su mano. Al terminar el pase de fotos, guardó en el bolsillo ese aparato que yo nunca antes había visto, se arrodilló y me dijo:

—Laura, eres lo mejor que me ha pasado en mi vida... y la quiero pasar contigo el resto de mis días... ¿Quieres casarte conmigo?

Recuerdo ver brillar algo que sujetaba en sus manos..., las lágrimas que profusamente caían por mis mejillas no me dejaban ver bien. Le abracé y le respondí:

—¡Sí!...¡Claro que sí!... Quiero pasar el resto de mis días contigo... para siempre.

Aclaré como pude mis ojos y entonces vi que sujetaba un anillo que brillaba con muchísima intensidad, me lo puso en el dedo anular de mi mano izquierda y volvió a abrazarme... Ambos nos emocionamos.

Así fue como aquella historia de amor que habíamos fraguado durante cinco maravillosos e intensos años empezaba a consolidarse de verdad para el futuro. Habíamos luchado para que aquel noviazgo fuera de verdad, con nuestras discusiones y enfados, que los hubo, con contrariedades y dificultades, pero siempre con el amor por delante. Habíamos apostado por el amor... y el amor con amor se paga. Lo bueno acababa de empezar.

Los minutos siguientes no puedo recordarlos muy bien, estaba en *shock* emocionada. Nos acercamos a ver la torre Eiffel y a sacarnos algunas fotos. Paseando llegamos a cenar al lugar que me había prometido. Yo no podía probar bocado, aún tenía el corazón a mil. No paramos de hablar y de hacer planes, pensamos en fechas y lugares donde celebrar toda la alegría que llevábamos en el corazón. Éramos inmensamente felices.

TENGO MIEDO A PERDERTE

A mi vuelta a Valencia, justo dos días después de aquello, tenía guardia en el hospital. Me costaba concentrarme, cada momento vivido había sido un regalo. Repasé cada instante de esa noche y me puse a pensar en el futuro y en nuestro futuro matrimonio... y de repente me entró muchísimo miedo..., tanto que recuerdo meterme corriendo en un box que había alejado y empezar a llorar. Tuve que llamar a Manu.

—Manu, tengo miedo, ¿eres consciente de lo que vamos a iniciar? Nuestras vidas se van a unir en un único camino y debemos cuidarnos para siempre poder estar juntos. Nos necesitamos el uno al otro. Te necesito y te quiero a mi lado, para siempre.

—Lauri, ¿quieres dejar de decir tonterías? Pues claro que vamos a estar juntos, nos vamos a casar y todo va a salir bien. ¿Acaso lo dudas?

—No, no lo dudo, pero se me ha puesto un nudo en el estómago de pensar que algo nos pudiera ocurrir. Tenemos la responsabilidad de cuidarnos el uno al otro a partir de ahora.

—Sabes que yo siempre te he cuidado, no lo voy a dejar de hacer nunca. Por cierto..., fui muy feliz el otro día.

—Yo también lo fui... Tanto que aquí me tienes pensando tonterías que sé que no van a suceder, pero ya sabes, la cabeza a veces juega malas pasadas y te hace pensar auténticas chorradas. Tienes razón..., saldrá todo fenomenal. Es solo que soy tan inmensamente feliz que me da miedo que algo pueda salir mal.

—Sabes que va a salir bien, como siempre. No le des más vueltas. Límpiate esas lágrimas y a trabajar como tú sabes, aunque no te canses mucho. Mañana cuando te despiertes me llamas, ¿vale?

—¡¡Vale!! Gracias por calmarme. Te quiero mucho.

—Yo te quiero más.

La conversación me ayudó a continuar con mi trabajo, por unos minutos vi un futuro negro, sentía auténtico terror por que nos pasara algo a alguno de los dos. Yo lo había elegido a él, y él siempre estaba ahí, se preocupaba por verme y hacerme feliz. Con Manu lo tenía todo y no necesitaba nada más, me daba una seguridad enorme y estar con él era lo único que deseaba de verdad, por encima de todo. Durante esos cinco años me había acompañado en cada paso, y yo a él. Cuando salíamos con nuestros amigos, al volver siempre nos decíamos que realmente con quien disfrutábamos de verdad era estando juntos, nosotros solos o con amigos, pero siempre juntos. Así que intentábamos que los planes fueran conjuntos.

Yo odiaba la soledad, nunca había estado sola, en cierta manera siempre me había apoyado en él. Me dejaba cuidar y querer por él. Lo amaba profundamente y

pensar que algo pudiera tirar por tierra aquel sueño…
me hacía sufrir muchísimo. Nuestro noviazgo fue de
muchísima intensidad, en todos los sentidos, y si algo
puedo destacar, es que el tiempo que pasamos fue tiempo de gran calidad. Habíamos construido una vida preciosa y, desde aquella noche en París, esta empezaba a
tomar forma de verdad.

6
TODOS LOS DÍAS DE MI VIDA

Los meses siguientes a la pedida fueron maravillosos, ¡qué bonito es preparar algo con cariño y ponerle amor! Teníamos muchísima ilusión de podernos casar y empezar una vida juntos para siempre.

Yo recuerdo disfrutar esa etapa muchísimo, me centré en preparar nuestra luna de miel. Para mí viajar era algo prioritario, y aquel viaje debía ser inolvidable. Así que rápidamente, después de llegar de París, me puse manos a la obra. Me atraía mucho el mundo asiático, tanto su cultura, tan diferente a la nuestra, como su gastronomía, y le convencí para irnos a Japón, Bali y Singapur. Quise organizarlo todo yo, con su apoyo y consejo, para poder ir a nuestro aire. Por aquel entonces existían los típicos blogs de viaje, Japón no estaba tan de moda como ahora y no había tanta información. Pocos años antes había ocurrido el desastre nuclear de Fukushima y, la verdad, me costaba encontrar información actualizada. Por las noches pasaba largas horas leyendo y organizando, con la ayuda de aquellos blogs, itinerarios, hoteles, excursiones, apuntando restaurantes recomendados... Recuerdo a mi madre preguntarme que cómo podía pasar tanto tiempo organizando un viaje... y es que no me dejé ni un solo detalle en el tintero.

Durante aquellos meses previos a la boda tengo precisamente un gran recuerdo de todos los momentos vividos con mi madre. Ella me apoyaba en todo, como siempre. Buscando ideas para el vestido había visto un brocado de seda precioso para la falda en un atelier de Madrid. Busqué por Valencia algo parecido para evitarme los viajes, pero no encontré nada igual por mi ciudad, así que finalmente decidí encargar mi vestido de novia en Madrid. Y aquello fue un acierto, porque convertimos esos viajes —íbamos una vez al mes aprovechando mi salida de guardia— en nuestro momento de estar madre e hija juntas. Era subirnos en el AVE y empezar a disfrutar. La hora y media de trayecto se nos quedaba corta de las cosas que teníamos que hablar. Realmente en el atelier solo pasábamos un rato, el resto lo utilizábamos para pasear por las calles de la ciudad, hacer alguna compra o comer en algún restaurante que nos gustara. Aquello para mí fue otro gran regalo que me hizo la vida, poder compartir con mi madre algo tan bonito... Yo me iba a casar y empezaría a pasar menos tiempo con ella, aprovechaba cada segundo.

Entre vestidos, zapatos y velos asomaba una ilusión enorme. Rememorar aquellos días para ambas supone una gran nostalgia, creo que no podíamos ser más felices, yo por casarme con el hombre de mi vida y ella por ver lo feliz que yo era con Manu. Desde el día que se lo presenté tampoco tuvo dudas, él estaba hecho para mí, y estaba segura de que seríamos muy felices, así con estas palabras me lo decía siempre:

—¡Qué suerte has tenido, hija mía!

Y la verdad es que así es como yo me sentía, superafortunada.

El último viaje a Madrid, previo a la boda, fue en coche y acompañadas por mi padre, íbamos a recoger el vestido, quedaban escasos días… Recuerdo aquella comida en el restaurante Lateral de Velázquez. Era como completar el círculo perfecto y acabar aquellos días de idas y venidas los tres juntos. A la vuelta mi padre conducía, yo iba de copiloto y él, enamorado de la música, me pidió que pusiéramos cada una de las canciones que habíamos elegido Manu y yo para la ceremonia religiosa. Así que se las puse y fueron sonando una a una, mientras, el silencio en el coche era sepulcral. Caía la noche y estábamos algo cansados, creo que cada uno de nosotros, inspirado por aquella música, en nuestra cabeza intentábamos imaginar lo que días después ocurriría. Vi a mi padre un poco emocionado… y verlo así me hizo emocionarme a mí también, quedaba menos de una semana.

21 DE SEPTIEMBRE DE 2013

Aquel día en Valencia la temperatura fue perfecta, el sol brillaba como acostumbra en mi tierra y no hacía ni mucho calor ni mucho frío. Quise levantarme tarde, nos casábamos al atardecer, y nos quedaba un largo día por delante. Lo primero que hice al abrir los ojos fue mirar el móvil porque sabía que no volvería a hacerlo en todo el día. El grupo de WhatsApp de mis amigas estaba a reventar de mensajes, algunas comentaban que estaban en la peluquería, otras preparando detalles, fotos de vestidos... Era la primera que se casaba de nuestro grupo y estábamos todas muy nerviosas y felices: «¡¡Lauri se nos casaaa!!», «¡¡¡Viva la novia!!!», «¡¡Vivan las amigas de la novia!!», «¡¡¡Viva el novio!!!»... Acto seguido de contestarles y decirles que se preparasen para disfrutar al máximo, llamé a Manu:

—¿Estás preparado?, ¿has podido descansar?

—Estoy nervioso, ¡¡pero feliz, Lauri!! Ganas de verte entrar por la iglesia.

—¿Te das cuenta? Ha llegado el día... ¡Qué feliz estoy, Manu! ¡¡¡En unas horas seremos marido y mujer!!! También muero por verte. Ahora me voy a la pelu y a maquillarme. Acuérdate de que los fotógrafos van antes a tu casa, estaos todos preparados un poco antes. Nos vemos en el altar. Te quiero mucho, mi vida.

—¡Yo sí que te quiero! Vas a estar preciosa, yo lo sé.

—Ahhhh, sorpresaaaa...

Manu no tenía ni idea de cómo iría vestida. Ni yo de cómo iría vestido él, quisimos mantener la intriga hasta el último momento.

Al volver de la peluquería mi casa era un trajín. Mi madre y mi hermana de un lado a otro con el maquillaje y los vestidos, mi padre preguntando si llevaba bien la corbata, mi hermano y mi cuñado rematando chaqués; el fotógrafo estaba a punto de llegar. Recuerdo ponerme aquel vestido, la verdad no podía ser más perfecto para mí, con esa falda en brocado de seda que tanto me gustaba, sujetada por un fajín bordado en hilo discretamente plateado. El cuerpo era sencillo, de seda blanca, sin brillos, con un escote de corte asimétrico que dejaba ver mi escápula izquierda, marcada, por la pérdida de algún que otro kilo fruto de los nervios. El velo, de tul blanco, sujetado por un pequeño tocado en plata envejecida, cubría un recogido que con gran esmero había peinado aquella peluquera. Valió la pena ir a Madrid, me miré al espejo, vestida de novia, y me vi radiante, la verdad, mi alma explotaba de pura alegría, y es que aquel día tan deseado había llegado. Estaba a escasas horas de cumplir el sueño de mi vida: casarme con Manu. Sonreí entonces, y en mi interior. Me dije: «Ha llegado el día que tanto esperabas. Disfrútalo como tú sabes». Desde ese momento ya no pude parar de sonreír.

David, el mejor amigo de Manu, esperaba abajo de casa, ya solo quedábamos mi padre y yo. Nos subimos al coche que él mismo conducía y que nos llevaría a la iglesia.

Aquel día, San Juan del Hospital, la iglesia que habíamos elegido para casarnos, estaba perfectamente decorada y tenía un intenso olor a flores frescas. Construida en el siglo XIII, es la más antigua de Valencia después de la Reconquista. Tiene un encanto especial. Cuenta con un patio interior donde siempre suele haber gente, y es el típico lugar en el que te quedas hablando, haciendo tiempo, antes de entrar en las bodas o de acudir a misa. Pero aquel día permanecía vacío, ya no quedaba nadie fuera, tan solo un amigo de Manu nos daba señales para que yo bajase del coche. Recuerdo a mi padre abrirme la puerta y ayudarme a salir. Fue entonces cuando me cogió del brazo y me dijo al oído:

—Estate tranquila, va a salir todo fenomenal… Te quiero mucho, hija.

No he visto a mi padre más feliz conmigo jamás. Su cara desbordaba alegría a raudales, su hija pequeña, con la que compartía tantas cosas, aficiones y carácter, se casaba ese día llevada de su mano. Así que me agarré a él, y con esa sonrisa que llevaba empezamos a andar por aquel patio vacío. Mi corazón volvía a latir con fuerza, sabía que él me esperaba… De fondo ya se podía escuchar el Canon de Pachelbel. Llegamos a la puerta de la iglesia, y me dije a mí misma: «Ahora sí, déjate los nervios en la puerta y disfruta cada instante».

Entramos, estaba a reventar, no cabía nadie más. Las miradas de todos los invitados estaban clavadas en aquel pasillo cubierto por una larga alfombra roja. Yo solo miraba al frente, buscándolo... a él..., y pude verlo allá al final, guapísimo con aquel chaqué que tanto le favorecía y que dejaba ver un precioso chaleco verde oscuro. Se movía ligeramente, acostumbraba a hacerlo cuando estaba nervioso. A medida que me iba acercando podía ver su rostro, era de puro orgullo..., sonreía y me miraba fijamente. Yo seguía con mi sonrisa puesta. Al llegar al altar me cogió, me dio un beso en la mejilla y me dijo:

—Estás guapísima. Ese era el vestido que quería para ti.

—Me encanta que te encante —le respondí—, tú no puedes ir más elegante.

Empezó la ceremonia. Ese día lo tengo grabado a fuego en mi retina y en mi corazón. Y recuerdo cada segundo..., pero hay un momento clave, un momento que marcaría mi vida para siempre, algo que me llevo para toda la eternidad en mi corazón por la gran verdad y belleza de aquel instante. Fue cuando el sacerdote me puso el micrófono, y yo allí, en el altar de esa maravillosa iglesia, mirándole a los ojos, como creo que nunca antes había hecho, de una forma firme y clara le dije:

—Y prometo serte fiel en la prosperidad y en la adversidad, en la salud y la enfermedad, y así amarte y respetarte TODOS LOS DÍAS DE MI VIDA.

Y ese TODOS LOS DÍAS DE MI VIDA resonó, resuena y resonará para siempre en mí, para todos los días de mi vida.

Así fue como empecé la maravillosa etapa del matrimonio, que mejoró más si cabe esta historia de amor que comenzó sin darnos cuenta mientras hacíamos carreras con nuestros coches, una noche de mayo de 2007.

Al acabar la ceremonia nos cogimos de la mano mientras una Salve Rociera, perfectamente cantada, como nunca antes la había escuchado, erizó cada uno de los poros de mi piel. Volví a subir mi mirada y le dije al oído:

—Disfrutemos cada instante de esta canción y grabémoslo en nuestro corazón para siempre.

Y tanto fue así que hoy, cada vez que escucho esa Salve tan maravillosa, me traslada a aquel momento en el altar y me ilumina la mirada, a la par que me hace saltar alguna lágrima de vez en cuando.

Salimos de la iglesia tras atravesar, juntos, aquella larga alfombra roja. Y nos subimos en el descapotable de Manu, en el que soñé con casarme con él mientras subíamos el Montgó, seis años antes. Ese sueño ya era realidad. Manu y yo éramos marido y mujer.

El convite pasó demasiado rápido, solo quería parar el tiempo, entre amigos, música y buena comida volaron las horas. Toda nuestra familia y nuestros amigos estaban allí con nosotros, y yo seguía sonriendo. Un invitado entrado en años me llegó a decir que nunca había visto a una novia sonreír tanto, tanto tiempo..., y es que no me extraña, mi cara era reflejo de mi alma, un alma que explotaba de amor. Es que aquello fue demasiado, como digo yo, otro rollo. Es lo más cerca que he estado nunca de tocar el cielo.

El pódium no lo abandoné, solo por unos minutos dejé de hacerlo para ser manteada junto con Manu por unos amigos a altas horas de la madrugada. Bailonga por naturaleza, lo bailé y lo salté todo. Recuerdo paralizar el último autobús que salía a las siete de la mañana de aquella antigua cartuja, convertida en lugar de eventos. Fui a despedirme y a pedir que no se fueran.

—Lauri, ¿no has tenido bastante? —me preguntaba Manu.

—Nunca tengo bastante, ya lo sabes.

No quería que lo que tanta felicidad me había dado acabara nunca. Me planté en el descampado donde estaba aparcado el bus... y, ¡oye!, no había quien me moviera. Yo en la puerta del autobús despidiendo a los últimos invitados y hablando con ellos, quería parar de nuevo el tiempo.

—Lauri, esta noche cogemos un avión, estamos agotados, ¿¡te parece si dormimos algo!?

Manu me cogió del brazo y poco a poco, mientras iba tirando de mí, me decía:

—Lauriiii… Veeenga…Vaaaamosss.

Al final les dejé ir, realmente no podía con mi vida, estaba exhausta pero inmensamente feliz. En menos de veinticuatro horas cogíamos un avión rumbo a Japón.

7

UNA LUNA DE MIEL PERFECTA

J apón, Bali, Singapur. No tengo palabras para describir aquella luna de miel, nada falló. Ni un solo retraso, hoteles impresionantes, lugares idílicos, temperaturas perfectas.

Recuerdo aquel *ryokan* japonés en mitad del monte situado en Hakone, cerca del monte Fuji, donde pasamos una noche muy especial. Contaba con pocas habitaciones y estaba muy demandado, yo había reservado la última disponible once meses antes. La nuestra, situada sobre un riachuelo que pasaba cerca de la habitación, contaba con dos pozas de aguas termales tipo *onsen* donde poder relajarnos y aprovechar los beneficios de sus aguas antes de la cena. Por la noche dormiríamos en el suelo, en un futón.

La experiencia en un *ryokan* es un *must* en cualquier viaje a Japón. Pero aquel lugar era especial, tanto por las vistas espectaculares, rodeado de bosque y montaña, como por el ambiente de absoluta paz que allí podía respirarse. No nos cruzamos con nadie en toda la estancia. El silencio, solo interrumpido por el sonido del agua correr o el del crujir del viento sobre los árboles, nos hizo poder entrar en auténtico relax. Nos dejaron dos pares de kimonos, uno más alegre para estar en el hotel, y otro un poco más elegante que nos pondríamos para disfrutar de una cena *kaiseki* tradicional. Este tipo de cenas son especiales, tanto por el paladar como por la vista. El japonés cuida hasta el último detalle y aquella ocasión no sería menos, todo estaba preparado para conseguir una experiencia culinaria única. Cenamos en una mesa tatami de madera, situada en un pequeño salón que había en nuestra habitación, con nuestros kimonos «de noche», todo al más puro estilo nipón. Una chica entraba y salía de nuestra habitación para servirnos la cena. Cada plato era una pequeña obra de arte, y ella todo lo hacía con una sonrisa y una delicadeza especial. No obstante, veníamos con hambre, aquel día habíamos recorrido un buen trecho andando.

Primero subimos desde Hakone en tren para coger un teleférico que nos llevaría a Owakudani, un valle volcánico desde donde se puede observar el monte Fuji y donde vendían unos huevos típicos cocinados con aguas sulfurosas cuya cáscara era negra a causa del azufre contenido. Al bajar atravesamos el lago Ashinoko en una especie de barco pirata que tienen para la ocasión. Luego, bajamos en el muelle para ver uno de los arcos *torii* rojo más conocidos de Japón, famoso por sus vistas a orillas de este mismo lago, donde sacamos unas fotos preciosas. Finalmente, y ya cansados de tanto trajín, pusimos rumbo al *ryokan.*

Aquella larga excursión nos había dejado algo cansados, pero sobre todo hambrientos, y la cena riquísima que nos había preparado no nos sació. La fruta exótica del postre estaba especialmente buena, aunque nos siguió sabiendo a poco. Así que Manu, de debajo de aquella mesa, como quien no quiere la cosa y con una sonrisita de medio lado, sin que nos viera aquella chica que con tanto esmero había preparado todo, sacó un paquete de Donettes que traía de España. Y de repente toda aquella parafernalia saludable y llena de *glamour* japonés quedaba interrumpida por unos cuantos gramos de grasas saturadas de origen español. Pero Manu era así, le encantaba el dulce y el chocolate, y a mí también. Así que allí nos vimos, vestidos con nuestros kimonos especiales para la ocasión, acabando aquella experiencia de lujo con un par de Donettes en la mano, riéndonos de nosotros mismos.

Esa noche la recuerdo como un regalo, fuimos nosotros en estado puro, sin florituras. No paramos de hablar en toda la cena, lo miraba y seguía preguntándome por qué era tan feliz a su lado, y es que con aquel kimono estaba especialmente guapo y elegante.

Si Japón fue increíble, Bali lo fue todavía más. Esa isla es maravillosa. Me habían contado que era especial, pero hasta que no llegué no fui consciente de ello. Sus paisajes, muy variopintos, enamoran. Pero si me tuviera que quedar con algo, destacaría los extensos campos de arroz. Tienen un encanto muy especial. Atravesarlos era como sentirme un poco Julia Roberts mientras recorría aquellos caminos en bicicleta ataviada con su sombrero de paja en la película *Come, reza, ama*. Y la verdad es que comer, comimos auténticos manjares; rezar, para qué voy a mentir, rezamos poco, y amar..., amamos hasta el infinito. Eso sí, a mí me faltó la bicicleta, aunque no me hizo falta, pues contratamos a un guía, del que había leído buenas críticas en un famoso blog de viajes, que nos llevaría con mucho cariño a cualquier lugar que le pidiéramos. I made Riasa, que así se llamaba el guía, era un balinés de corazón español, pues estaba enamorado de España. Había estado en varias ocasiones en nuestro país y sobre todo conocía Valencia. Hablaba muy bien español y nos enseñó con esmero aquella preciosa isla mientras nos explicaba sus costumbres y cómo vivían en Bali, donde todo va un poco más lento y las prioridades son otras.

Hicimos varias excursiones a los templos más famosos, visitamos un volcán y comimos en las populares terrazas de arroz de Tegalalang. No quería perderme ni un solo rincón de la isla, cada día que pasaba me gustaba más y más, pero Manu me pidió un poco de calma, veníamos cansados de Japón y quería aprovechar nuestra estancia en el hotel tan maravilloso que habíamos reservado. Éramos diferentes en ese aspecto, yo disfrutona, no he querido nunca perderme nada, siempre me ha gustado apurar todo hasta el último momento; él en cambio no necesitaba tanto. Se cansaba antes que yo. Esto es algo que nos costó acoplar, pero los años y el amor hicieron que pudiéramos encontrar un término medio con el tiempo. Aunque he de decir que esta vez tenía razón. Él me decía que volveríamos algún día, y que siempre es bueno dejar cosas por ver, para tener razones para regresar. Así que le hice caso, pues estábamos agotados, y pasamos dos días descansando de verdad…, simplemente disfrutando de aquellas preciosas vistas desde la *infinity pool,* donde se podían ver unas puestas de sol espectaculares. Aprovechábamos para leer un buen libro, relajarnos y estar juntos. Por las noches nos gustaba salir a cenar al pabellón balinés donde se servía la cena, una explosión de sabores. Solíamos estar acompañados por lugareños que tocaban algún instrumento típico, dando un toque especial a aquellas veladas. A veces nos quedábamos callados… mirando al cielo y grabando cada detalle de aquel viaje en nuestra memoria. Otras hablábamos sin parar, hacíamos planes…, nos gustaba soñar juntos.

Los días en Bali pasaron demasiado rápido. La vuelta era un poco pesada, así que pensamos hacer una parada de un par de noches en Singapur. Ciudad cosmopolita, cuenta con una marina maravillosa presidida por el famoso hotel Marina Bay Sands. Nuestro hotel tenía vistas a todo aquel enclave y llegar allí fue síntoma de que el viaje soñado llegaba a su fin. No hubo ningún error, todo salió según los planes, o incluso mejor. Las largas noches preparando cada detalle delante del ordenador, leyendo un blog tras otro, tuvieron su resultado. Comentábamos lo felices que habíamos sido y que como ese viaje no habría otro igual. Dábamos gracias por tanta felicidad y por tantas cosas buenas en nuestra vida. Éramos unos afortunados y así nos sentíamos.

El esqueje de frangipani

Nos trajimos muchísimos recuerdos, detalles, algún *souvenir* para nuestra familia…, pero hubo algo para lo que hicimos un hueco especial en la maleta.

Eran las seis de la tarde de nuestro último día en Bali. Riasa nos dejó en la puerta del hotel, le habíamos cogido cariño. Le dijimos que nos volveríamos a ver, que quizás regresaríamos acompañados. Le agradecimos todo lo que nos había enseñado y nos despedimos con un abrazo. Él se dirigió a su maletero.

—¡¡Esperad!! Tengo algo para vosotros.

Sacó de allí una especie de palo alargado envuelto en papel.

—¿Qué es eso, Riasa? —preguntó Manu.

—Es un esqueje de frangipani, el árbol con la flor más famosa y bonita de Bali.

—Jamás nos habían regalado algo así, Riasa, mil gracias —dije yo.

—Cuando lleguéis, solo tenéis que plantarlo. Él por sí solo irá creciendo.

—¡Muchísimas gracias! Eso haremos. Ha sido maravilloso todo lo vivido en la isla de Bali, y en parte ha sido gracias a ti. Nos volveremos a ver, si Dios quiere —aseguró Manu.

—Aquí os espero con los brazos abiertos, acordaos de que hemos dejado cosas pendientes. Esta isla es vuestra casa. Hasta pronto, amigos, tened buen viaje de vuelta.

Pocos días después de llegar hicimos caso a Riasa y plantamos el esqueje en una maceta de la terraza. Fue el regalo más especial que trajimos de aquellos lares, pues en mi corazón sentía que ese esqueje era algo más que una bonita planta de flor tropical. Representaba nuestro matrimonio y de alguna manera sabía que crecería con nosotros, al ritmo de nuestro amor. Dando fruto y adquiriendo belleza, a la vez que robustez. Sabía que alguna hoja caería, que alguna flor se marchitaría, pero que habría que regarla y cuidarla y ella poco a poco iría cogiendo forma y formando con el paso del tiempo un árbol precioso.

8
NUESTRA NUEVA VIDA

Aquellos meses después de la boda fueron sencillamente maravillosos: poder disfrutar de nosotros, hacer planes sin parar, irnos de viaje, escapadas de fin de semana... hizo que no pudiéramos ser más felices. No nos faltaba nada.

Llevábamos una vida ajetreada pero muy normal, nos sentíamos muy agradecidos con nuestra realidad y solíamos comentarlo muchas veces, sobre todo por las noches, cuando después de toda la jornada podíamos estar juntos sin que nada ni nadie nos interrumpiera, solos nosotros dos, alrededor de una buena cena que solía preparar él. Si esa mesa hablara... Conversaciones, planes, alguna discusión que otra... Nuestras noches se quedaban cortas, llegaba la hora de dormir y casi no nos habíamos ni sentado un poco en el sofá a descansar del largo día.

Sin darnos cuenta cumplimos el primer año de casados..., pasó volando. Nuestro frangipani ya había sacado alguna flor, nos gustaba verlo crecer y oler sus flores amarillas tan especiales. Me agradaba ver aquel arbolito de vez en cuando, y tenerlo con nosotros me hacía recordar nuestro viaje y nuestros inicios como recién casados.

Nos ha gustado siempre celebrarlo todo, porque la vida se celebra, y nuestro primer aniversario no iba a ser menos, aunque nos pillase fuera de casa en la isla de Mallorca por la boda de un familiar. Así que aquella noche del 21 de septiembre de 2014, Manu reservó una mesa con vistas a unos impresionantes yates, en un restaurante que le habían recomendado en la marina Port Adriano, en Calviá, Mallorca. En esa cena hicimos una recopilación de ese primer año juntos, él me regaló un marco de fotos con una instantánea de nuestra boda y prometimos que lucharíamos por un matrimonio igual de feliz que ese primer año que habíamos ya pasado.

Nuestros trabajos seguían viento en popa, Manu trabajando mucho y disfrutando de su profesión. Era un apasionado de cada cosa que hacía. Ponía tanto empeño…, para él los clientes eran algo más que clientes, eran personas, con sus vidas y sus problemas. Ayudaba a todo aquel que podía incluso en cosas que no tenían nada que ver con su trabajo, los clientes lo querían…, y yo admiraba de él todo eso. Me impactaba cómo podía estar siempre pendiente de ellos, cómo los ayudaba en temas personales. Llegó incluso a montarle a una clienta que acababa de quedarse viuda la fiesta de dieciocho cumpleaños de su hijo. Recuerdo escuchar en el coche su conversación por el móvil con el responsable del restaurante mientras cerraba el menú. Manu siempre iba más allá... No tenía límites, y como lo hizo conmigo, lo hacía con el resto de personas. Se daba realmente a los demás. Esto le hacía muy feliz y a mí me llenaba de orgullo tener a alguien de ese calibre personal a mi lado.

DE ROTATORIO EXTERNO EN ESTADOS UNIDOS

Por mi parte, yo seguía haciendo la residencia de medicina de familia. Por aquel entonces hacía muchas guardias al mes, unas cinco o seis, a veces incluso siete, según las necesidades. Manu tenía una bonita costumbre: venir a visitarme de vez en cuando. Me traía chuches o en bastantes ocasiones la cena, a veces se estiraba un poco y aparecía con un menú de McDonald's, con helado McFlurry de Oreo incluido. La cuestión era compartir y estar juntos.

En mi tercer año de residencia un día recibí, tras una larga guardia, a altas horas de la madrugada, un *mail* que venía a darme gran noticia: Yo, junto con otra residente, Estefanía, habíamos sido aceptadas para hacer un rotatorio externo durante dos meses en Estados Unidos. Sería un rotatorio mixto, combinando unas semanas en un centro de salud urbano dependiente de la

Universidad de Northwestern, en mitad de Chicago, con otras semanas en un centro de salud rural, en un pueblo en mitad de la nada, de menos de dos mil habitantes, llamado Plainville, en el estado de Kansas.

No conocía a Estefanía, ella tampoco a mí. Ambas estábamos en el mismo año de residencia, pero trabajando en diferentes hospitales. Nos pusimos de acuerdo para organizarlo todo y empezar aquella aventura. Creo que hasta la fecha, la mejor de mi trayectoria profesional.

Empezamos por Chicago, cada mañana nos levantábamos a las seis para llegar puntuales a aquel centro donde con tanto cariño nos acogieron. Pudimos ver cómo funciona un centro de salud y la atención primaria en un país tan diferente al nuestro, en modos y formas de vida, y con un sistema sanitario generalmente privado. Aprendimos a valorar nuestro trabajo y nuestra formación como médicos en España, pues aunque vemos a muchísimos pacientes diariamente, nos dimos cuenta de que nuestro ojo clínico se había desarrollado muy rápido, pese a nuestra corta experiencia como profesionales de la medicina.

Por las tardes, a pesar del frío tan extremo propio de una ciudad como Chicago en el mes de febrero —llegamos a estar a diecinueve grados bajo cero—, nos dedicábamos a hacer planes. Nos poníamos doble guante, gorro, botas de nieve y a recorrer la ciudad, cenar en algún restaurante o ver partidos de baloncesto de los Bulls, toda una experiencia mientras nos comíamos un perrito caliente o una hamburguesa.

Los días pasaban muy rápido, y yo echaba de menos a Manu, no acostumbrábamos a pasar tanto tiempo separados, así que aprovechando mi estancia allí, y que no conocía Chicago, me hizo una corta visita de cuatro días. Esos días fueron un privilegio, pude compartir con él mi experiencia y viajar de nuevo los dos, algo que me llenaba enormemente. Comer comida americana, no había cosa en el mundo que le gustara más que una buena hamburguesa, callejear largas horas, irnos de compras, hablar de nuestras cosas... De nuevo, volver a estar juntos..., pero todo aquello pasó volando.

Eran las cinco de la tarde, en el cruce de Dearborn con Division Street, esperábamos, maleta en mano, un taxi que le llevaría al aeropuerto. Nos despedimos con un fuerte abrazo, me dijo que en nada nos volveríamos a ver, mientras por mi mejilla... asomaba alguna lágrima.

—No quiero que te vayas... —le dije.

—Ya lo sé, pero sabes que en nada estamos de nuevo juntos, disfruta de lo que te queda, te llamaré en cuento llegue. Lo he pasado tan bien..., ha sido corto pero muy intenso, Lauri, como todo lo que hacemos. ¡Qué grande es compartir cosas contigo! Realmente te voy a echar de menos. Pero... en un mes nos vemos en Denver. Y ya no nos separaremos.

—Yo también te echaré de menos. Ha sido increíble tenerte aquí, gracias por dejar tu trabajo y pasar estos días conmigo, sabes que te quiero, Manu. Nos vemos en nada.

Y entre lágrimas le vi subirse al coche, y de nuevo sentí ese miedo atroz a perderle. Estefanía venía conmigo, me vio la cara, me cogió del hombro y me dijo que no me preocupase. Había sido taaan feliz a su lado aquellos días, que no quería dejarle ir. Manu era felicidad, estabilidad y seguridad para mí. Solo el mero hecho de pensar que algo pudiese ocurrirle me hacía estremecerme, de nuevo.

—Tengo miedo a que le ocurra algo, Estefi. ¿Y si se estrella el avión?

—¿Y si nos atropella un coche? ¿Y si nos cae una maceta?… Deja de decir cosas que no van a ocurrir, Laura. ¿Cuál es la probabilidad de que ese avión se estrelle?

—Ya lo sé, Estefi, la probabilidad es ínfima, y lo peor es que lo sé, pero a veces me vienen estos pensamientos estúpidos que no van a ningún lado, porque me hacen sufrir sin sentido —contesté.

—Pues entonces ya está. Déjate de tonterías y vamos a casa, que hace un frío horrible.

—Tienes toda la razón, Estefi… Tonterías, pero es que se acaba de ir y ya lo echo de menos.

—Desde luego, Laura. Os queréis un montón y eso

se nota, pero en nada os volvéis a ver, disfrutemos lo que nos queda…, ¿te parece?

—Me parece. Venga, ¡¡vámonos!!

Sequé mis lágrimas y de camino a casa rápidamente borré aquellos pensamientos sin fundamento de mi cabeza. Quería disfrutar de cada día que me quedase allí con Estefanía, hicimos muy buenas migas desde el principio y nos divertíamos juntas. En realidad, quedaban pocos días para irnos a Kansas y en breve le volvería a ver.

Al llegar a Valencia me llamó y me dijo que había ido todo bien, me dejó tranquila y ya pude gozar de pleno del resto de mis días como médico en Estados Unidos.

Yo aprovechaba cualquier situación para montar un viaje, y esta oportuna ocasión no sería menos. Así que tras terminar mis días de trabajo en Kansas tenía organizado un viaje por los parques naturales del Oeste del país con Manu. Le recogería en el aeropuerto de Denver, a la vez que dejaba a Estefanía, que volvía a España. Y desde allí empezaríamos él y yo una ruta en coche.

Llevaba desde hacía tiempo deseando hacer algo así por Estados Unidos, intenté cuidar como acostumbraba cada detalle, cada hotel, para que todo saliera perfecto. Me compré una guía de Lonely Planet de casi un kilo de peso, de lo densa que era, para poder organizarlo todo bien. Recorreríamos los parques más importantes de Colorado, Utah, Arizona y terminaríamos en Nevada. Allí, en Las Vegas, teníamos pensado encontrarnos con mis padres, que por su cuenta venían desde Nueva York. Volaríamos a San Francisco los cuatro juntos y pasaríamos allí unos días para, finalmente, regresar a España.

Pero antes de todo aquel periplo quedaban nuestras semanas de rotatorio rural en Plainville. Ya al aterrizar en el aeropuerto de Kansas City, Misuri, me llamó la atención lo diferente que era esta zona de Estados Unidos del resto de las ciudades que yo conocía hasta entonces. Me pareció estar en algo así como la América profunda que había visto en las pelis. Nuestro destino estaba a más de cuatro horas de allí, así que recogimos el Ford Explorer que previamente habíamos alquilado y pusimos rumbo a aquel lugar desconocido.

Durante el trayecto no vimos nada, y cuando digo nada es nada. Kansas es una llanura inmensa donde hay poco alrededor, no había árboles ni plantas. De vez en cuando alguna gasolinera o algún restaurante de comida rápida. Conducía yo, el tanque del coche iba a mitad, el viaje era largo y no queríamos quedarnos tiradas en medio de no se sabe dónde, por lo que decidimos parar en el camino a repostar. Recuerdo bajar del vehículo y decirle a Estefanía:

—No digas nada…

—¿Por qué dices eso, Laura?

—Porque se nota demasiado que somos extranjeras...
y es mejor no hablar. ¿No has visto cómo nos miran?
Soy sincera, tenía respeto a aquella situación. La estampa era la siguiente: dos o tres lugareños sentados en la barra de aquel establecimiento. Uno con su pelo largo rubio y unos bigotes que llegaban hasta la barbilla; otro, con una cinta alrededor de la cabeza al estilo Rambo, y un tercero cuyo aspecto no recuerdo bien que era el dependiente... y nosotras, dos españolitas con cara de niñas, en un lugar incierto, intentando repostar gasolina. Era evidente que la gente nos miraba, con ojos de curiosidad, y yo solo quería marcharme de allí y pasar desapercibida, pero era imposible. Las miradas de aquellos hombres estaban puestas en nosotras.

Repostamos rápido como pudimos, algo nerviosas, y seguimos nuestro camino. Finalmente, nos desviamos en la salida de Hays, una pequeña ciudad a pocos kilómetros del pueblo que nos esperaba. El paisaje que recorrimos de Hays a Plainville fue cambiando poco a poco. Por fin empezábamos a ver más civilización con alguna casa a lo lejos, pero algo nos llamó la atención, y eran unas máquinas enormes de hierro que parecían extraer gas y que hacían de aquel paisaje un lugar un tanto pintoresco.

Llegamos sobre las cinco a la puerta del centro de salud. La tarde caía y en el horizonte la llanura adquiría un color pajizo. Entramos, nada más hacerlo vimos a una médico que con una sonrisa de oreja a oreja nos dio la bienvenida. Nos explicó un poco cómo se desarrollarían los días allí y nos llevó a nuestra casa situada en una zona donde vivía gente jubilada, todo muy curioso.

Plainville es un pueblo muy pequeño donde casi no hay aceras y no se suele ver a gente por la calle, algún coche y poco más. Aquel lugar era peculiar, contaba con una especie de refugio para resguardarse de los tornados, muy típicos de esta zona del país. Nos explicó que si sonaba la alarma teníamos que bajar corriendo a refugiarnos allí. Nos tranquilizó antes diciéndonos que no era época de tornados, pero que debíamos saberlo por si acaso.

Después nos llevó a la que sería nuestra casa durante unas semanas. Contaba con una doble puerta de madera un tanto endeble, y decidimos cada noche antes de dormir apoyar una silla sobre la puerta para evitar posibles sustos. Repito, estábamos en mitad de la nada y habíamos visto demasiadas películas. La casa era pequeña, pero suficiente para nosotras. Tenía dos habitaciones, dos baños y una diminuta cocina que daba al salón. Decorada con un tinte antiguo que hacía de la estancia un lugar con poca luz, me recordaba de nuevo a las típicas viviendas americanas que había visto en la televisión.

Los días en ese pueblo americano fueron una experiencia única, cada recuerdo allí vivido saca de mí una sonrisa…, a veces incluso me llega a emocionar pensar lo feliz que fui y cuán afortunada he sido por poder vivir todo aquello. Y es que fue muy enriquecedor aprender cómo se trabaja en un medio rural en un país como Estados Unidos.

Nuestro día consistía en visitar a los pacientes que venían a consulta o controlar a los que estaban ingresados. Pasábamos el día entero entre paciente y paciente, y en nuestros ratos libres aprovechábamos para salir a pasear sin rumbo por los campos de maíz que rodeaban el centro. Pero todo no quedaba allí, a veces salíamos a pasar consulta a los consultorios auxiliares de pueblos cercanos. Otras visitábamos a pacientes de la residencia de ancianos del pueblo. O como solemos hacer también en España, realizábamos visitas a la casa de los enfermos que no podían acudir al centro, pero con la peculiaridad de estar en un pueblo americano que me trasladaba al cine a cada instante. Los fines de semana aprovechábamos para hacer alguna excursión cerca de Denver.

En una de esas visitas a una residencia de ancianos algo llamó mi atención. Aún recuerdo a aquella señora mayor que, al entrar en su habitación para hacerle un chequeo, nos recibió con una gran sonrisa. Dejó lo que estaba haciendo para darnos la bienvenida, pero mi mirada se fue a lo que acababa de dejar en la mesa: un bordado en punto de cruz con el lema *God bless America* —Dios bendiga a América—. Y es que de algo me di cuenta rápidamente al llegar a esta zona del país, y es cómo vivían allí su fe. Para empezar había muchas emisoras de radio con canciones de tinte cristiano, yo no conocía nada así en España, las canciones que hablaban de Dios eran las típicas de misa y jamás las había escuchado en una radio. También por la carretera podías encontrarte carteles que decían: «Dios te ama». Esto también me resultaba muy curioso, o simplemente el fervor con el que bendecían la mesa antes de comer. Todo aquello me sorprendía, pues a pesar de que yo soy católica, en ese momento de mi vida ni bendecía, ni escuchaba canciones que hablaban de Dios ni tampoco hablaba con esa libertad de mi fe como algunas personas había visto que allí lo hacían.

Viajar contigo siempre fue maravilloso

Entre tantas cosas nuevas, trabajo y viajes, tenía poco tiempo para pensar en lo que había dejado en España…, a Manu. Así que, aunque lo echaba muchísimo de menos, estaba feliz con cada momento vivido en ese recóndito lugar. Tanto ajetreo hizo que los días pasaran a la velocidad del rayo. Y sin darme cuenta me vi en el aeropuerto de Denver esperando la llegada de Manu.

Allí estaba él, con su maleta, con esos andares que tanto le caracterizaban y una cara de haber dormido fruto de un viaje largo. Me eché a sus brazos y le dije:

—Ahora sí, empieza nuestro viaje.

—Qué ganas tenía de llegar y verte, ya se me estaba haciendo muy largo este último mes, Lauri.

—Te tengo que contar tantas cosas, Manu.

Salimos del aeropuerto, cargamos el Ford Explorer con su equipaje y empezamos aquel *tour* por la zona Oeste de Estados Unidos, inmersos en conversaciones interminables donde yo contaba cada detalle de lo vivido en los días previos.

Una de nuestras primeras paradas, tras visitar algunos parques de Utah, fue Monument Valley, lugar donde se han filmado muchísimas películas, y donde Forrest Gump, tras más de tres años corriendo, paró y dijo que se marchaba a su casa, dejando a un pelotón de gente a sus espaldas sin más explicaciones.

Recuerdo aquel amanecer. Habíamos reservado una habitación en un hotel regentado por indios navajos con vistas a este famoso lugar. Aquello es un auténtico espectáculo, pues los rayos de sol se van colando entre las formaciones rocosas que forman el valle, conjugando un juego de luces y sombras digno de ver, donde los colores azul, amarillo, rojo y naranja resaltan en mitad de la noche. Llevaba muchísimo tiempo queriendo visitarlo, y poder observar con mis propios ojos esa famosa imagen que tantas veces había visto en las pelis, el Far West en estado puro, me llenaba de felicidad.

Aquel día a Manu le costó levantarse, dormilón como yo, el famoso y fotografiado amanecer no le ganaba a sus ganas de dormir. Fue difícil despertarlo y al final conseguí que lo viera a mi lado. Cámara en mano pude inmortalizar cada instante de aquel juego de luces.

—¿Qué te parece, Manu?

—Yo no he visto nada igual, Lauri... Es impresionante.

Aquello solo fue el principio, después de Monument Valley llegaron más lugares increíbles: Antelope Canyon, donde coincidiendo con la luz solar de mitad de la mañana, si te pones en un determinado punto, un haz de luz de grandes dimensiones traspasa las rocas, formando una imagen única. Bryce Canyon, famoso por sus formaciones alargadas y esperpénticas, o poder dormir en mitad de un rancho a orillas del río Colorado. Cada paisaje era más increíble.

Finalmente, y después de aquello, llegamos a Las Vegas, dejamos el paisaje y la naturaleza para inmiscuirnos en el ruido y las luces de neón. No es mi lugar preferido en la tierra, pero diría que si uno anda cerca ha de verlo. Allí estaban mis padres. Llevaba meses sin verlos, así que cenamos juntos y les conté todo lo vivido en las últimas semanas. Me encantaba tenerlos con nosotros, nunca antes habíamos viajado los cuatro y, aunque solo estuvimos tres días con ellos, compartir esos momentos fue maravilloso.

Con todo esto vengo a contar el regalo de vida que vivía. Mis sueños iban cumpliéndose uno tras otro, tenía al hombre de mi vida conmigo y ambos nos amábamos. Mi principal *hobby,* viajar, era algo que me podía permitir y a lugares deseados. Mi trabajo iba viento en popa, con una experiencia que me hizo crecer si cabe más como médico, era consciente del privilegio de vida que vivía, y aunque pensaba que yo había puesto mucho de mi parte con mi esfuerzo y tesón, sabía que la mano de Dios, a pesar de todo ello, estaba detrás. Pero aún me faltaba algo, que nuestro amor fuese más allá y diese fruto. ¿Llegaría ese día?

9
UN SUEÑO MÁS CUMPLIDO

A nuestra llegada a España, Manu y yo seguimos la vida de rutina juntos. Rápidamente llegó el verano de 2015 y estrenamos la temporada estival con una salida al mar con amigos.

La idea era bañarnos y comer algo, aunque yo no pude casi probar bocado. El mar estaba movido y la barca fondeada iba de lado a lado. No solía, pero me mareé bastante aquel día, tanto que tuve que pasarme la mayor parte del tiempo en el agua, para que la cosa no fuera a más.

Manu me preguntaba qué me pasaba, ya que no era común en mí, pero es verdad que el mar no estaba en su mejor día, me ofreció una pastilla para el mareo, la cosa fue menguando y pudimos acabar el día sin percances.

Esa noche, al acostarme, me sentí de nuevo mal, un dolor asomaba en la zona del vientre. No le di mucha importancia, pues había pasado la mayor parte del día con mareo a causa de las olas. Hice por dormirme. Pero a la mañana siguiente, al levantarme, volví a sentir el mismo dolor y entendí entonces que algo no era normal, conocía mi cuerpo… y aquello no me cuadraba, así que empecé a pensar en posibles causas, y me di cuenta de que quizás llevaba unos días de retraso. Me fui a trabajar, y al volver, no dije nada a nadie, pero me fui directa a una farmacia y me compré un test de embarazo. Mi corazón iba a mil, ¿y si estaba embarazada? Nada más llegar fui directa al baño. La doble línea rojo intenso salió al instante. Mi corazón empezó a latir a dos mil… «Me hago otro», pensé. Tengo que cerciorarme. Ahora, mientras escribo, era algo más que evidente, pero mi cerebro cuadriculado quería quemar cualquier posibilidad de error. Volví a bajar a la farmacia, me fui a otra, esta vez me compré el que marcaba las semanas… y, efectivamente, no es que estuviera embarazada, es que lo estaba de más de tres semanas. Fue entonces cuando una profunda alegría con un cierto miedo inundó mi corazón.

Manu estaba a punto de llegar del trabajo y mi cabeza solo daba vueltas a cómo contarle la gran noticia. Al poco rato oí la llave de la puerta y esta se abrió. No pude esperarme… Fui corriendo hacia él. Había pasado antes por el supermercado y llevaba unas bolsas en las dos manos. Le miré a los ojos como solía acostumbrar en los momentos importantes y sin dejarle casi ni saludarme le dije a bocajarro:

—¡¡Estoy embarazada!!

Manu tiró las bolsas al suelo y se quedó parado:

—¿Estás segura?

—Lo estoy de más de tres semanas.

Me abrazó y ambos nos emocionamos. La felicidad del momento, mezclada con una sensación de gran responsabilidad, no se puede describir con palabras. Por fin éramos conscientes de que nuestro amor, por el que habíamos luchado, con todas sus vertientes, empezaba a dar su fruto… en forma de una niña.

Ojalá tenga tus ojos…

Los meses previos a conocer a nuestra hija pasaron muy lentos. Vivía con náuseas perennes, siempre he odiado el vomitar, y la verdad no fue nada agradable vivir así, pero sabía que valía la pena pasar por ese estado, en el que el malestar se fundía con una inmensa alegría.

Recuerdo una tarde de domingo en el salón. A Manu le gustaba pasar las últimas horas del día previo a empezar la semana descansando y nos solíamos sentar en el sofá a ver una peli, a hablar o a leer un rato. Aquella tarde nos pusimos a charlar sobre nuestro futuro y el de nuestra hija, yo estaría de unas veinte semanas. La verdad es que ambos estábamos felices porque fuera niña y hablábamos de a quién se parecería. Creo que no hay nada más bonito que poder imaginar cómo será tu propio hijo o hija, y yo la verdad me la imaginaba un poco como yo, pero a la vez quería que tuviese algo de su padre, quería que se notase que era hija suya. Si algo me gustaba de él eran esos ojos grandes marrón claro con tono verdoso según la luz del sol, poblados con largas y negras pestañas que dibujaban esa mirada penetrante, tan propia de él. Y así, sin más, con un tono espontáneo, me salió del corazón este comentario:

—¿Sabes qué, Manu?... Que me encantaría que se pareciese a mí.

—Y a mí también me gustaría que se pareciese a mí, Laura —dijo entre risas.

—¡Ja, ja, ja! Será lo que Dios quiera, Manu, pero te añado algo que me fliparía.

—¿El qué? —preguntó.

—Que tuviese esa mirada profunda tuya... para que si algún día a ti te pasa algo, yo pueda recordarte a través de ella.

—La verdad es que suena precioso, Laura, pero, por favor, no digas esas cosas, te gusta a veces ser dramática, ¿eh? —respondió.

—Bueno, ya sabes que yo pienso mucho, en ocasiones demasiado. Yo solo te digo lo que me gustaría. Será lo que tenga que ser, pero esa mirada tuya sería maravilloso que quedara grabada en nuestra hija.

El comentario acabó ahí y no volvimos a mentar el parecido de la niña el resto del embarazo. Las semanas iban pasando, mis náuseas menguando ligeramente y mi peso aumentando progresivamente. Nunca tuve mucha barriga. De hecho, hasta bien avanzada la gestación, disimulaba lo que llevaba dentro. Por eso, cuando entré en la consulta de ginecología para hacerme la ecografía de las treinta y dos semanas, me preguntó la ginecóloga antes de mirar mi expediente si venía a hacerme la de las veinte semanas. En cuanto le expliqué que estaba de treinta y dos, su cara cambió por completo.

—Laura, túmbate en la camilla. Tienes muy poca barriga para las semanas que llevas, quiero mirarte bien.

En ese instante mi rostro cambió, y toda la tranquilidad que llevaba hasta ese día donde todo había salido perfecto se esfumó para dar paso a la preocupación. Miraba atentamente el gesto de su cara, me dejó bastante inquieta lo que me acababa de decir.

—Estoy midiendo peso y está por debajo de la edad de gestación. Y su fémur está en un percentil 98, lo que quiere decir que es una niña grande con peso bajo. Vas a tener que comer más y hacer reposo —me dijo la ginecóloga.

—Pero ¿hay algún peligro?, ¿me tengo que preocupar? —le pregunté.

—No, pero ese peso hay que subirlo, así que voy a

ir controlándote cada quince días para asegurarme de que el bebé va ganando peso.

Salí de la consulta con miedo, llamé a Manu, que se encontraba trabajando, y le puse al día. Él quitó hierro al asunto y me dijo que tenía que cuidarme.

Hice caso de cada consejo de la ginecóloga, empecé a comer más sano y más cantidad, y a reposar. Es verdad que las semanas previas a la ecografía yo había estado trabajando y haciendo guardias. Esto me sirvió para parar y empezar a descansar, y quince días después, en la ecografía de control, me dijo que la niña había aumentado de peso y que iba por buen camino. Me quedé tranquila, así que continué con esa dinámica el resto de las semanas que me quedaban, llevando una vida reposada y cuidándome yo.

Llegó marzo de 2016, cumplí la semana cuarenta de embarazo y aquello no tenía pinta de que me fuera a poner de parto. En mi ciudad, Valencia, hay una bonita costumbre donde las embarazadas que están a punto de parir dan nueve vueltas, una por cada mes de embarazo, por dentro de la catedral mientras se reza una oración donde se le pide a la Virgen que el parto vaya lo mejor posible. Así que allí me fui yo con mi madre, a dar las vueltas, a ver si el bebé tenía a bien salir. Pero no fue el caso.

Pocos días después y en vista de que de forma espontánea no me ponía de parto, me ingresaron en el hospital para inducírmelo. Manu era aprensivo, el tema de los hospitales no le gustaba nada. Pero el nacimiento de su primera hija no iba a perdérselo, y quiso estar presente en todo momento. Así que allí, ataviado con un gorro de quirófano y una bata verde, me cogió de la mano y estuvo a cada instante a mi lado, animándome como solía hacer. Y es que necesitaba ánimos, pues el parto no fue ni corto ni especialmente fácil, pero finalmente nuestra hija, a la que llamamos Rocío, asomó su carita, y a grito pelado, nos hizo saber que había llegado a este mundo.

Manu la vio salir y yo lo vi emocionarse. Me miró y con lágrimas en los ojos me dijo:

—Es monísima, Lauri.

Acto seguido me la pusieron en el regazo, y entonces me emocioné yo. Me vi a Manu rodeándome con su largo brazo y acariciando a nuestra preciosa hija, que ya de recién nacida tenía una carita muy especial. Esa imagen quedó para siempre grabada en mi corazón. Y es así como me vi formando la familia que tanto deseaba con el amor de vida, una tarde de marzo de 2016.

Una familia de tres

Aquellos primeros días de padres primerizos, donde aprendimos a cambiar pañales, dejamos nuestro buen dormir y nos dimos cuenta de que la vida ya nunca sería igual, fueron intensos pero maravillosos. Cuando hay amor, ¡qué bien salen las cosas! El nacimiento de Rocío nos unió todavía más e hizo que nuestro amor se consolidase con más fuerza. Manu desde el instante número uno se implicó como padre; de hecho, fue él quien me enseñó a cambiar pañales, ya que los primeros días, a causa de un dolor muy fuerte en la zona costal a consecuencia del parto, tuve dificultades para estar en determinadas posiciones y sobre todo inclinada.

Yo no he visto a mi marido más feliz que cuando nació aquella pequeña niña, que, por cierto, con el tiempo nos dimos cuenta de que era un calco mío, con la mirada profunda de su padre…, todo seguía saliendo según mis deseos. El pensamiento al vuelo de una tarde de domingo se hizo realidad. Pero, la verdad, no me extrañó, porque cada cosa que iba deseando se iba cumpliendo en mi vida. Y, como tantas cosas, esa no sería menos. Daba gracias al cielo por todo lo bueno que llegaba a mí, pero aquel nacimiento fue palpar en mi carne el milagro de la vida. Ser consciente y testigo de lo que es llevar a una personita dentro y sentir una gran responsabilidad por ello.

La maternidad es un gran regalo, ser madre te cambia como persona y te hace mejor. Es un empezar a pensar menos en ti para pensar más en ese hijo o hija que viene al mundo. Es un dar sin necesidad de recibir, aunque el amor que puede llegar a transmitir un hijo es algo tan maravilloso y único que llena tu corazón más de amor si cabe, y acabas recibiendo más de lo que tú das. Sobre la paternidad no puedo hablar, porque no me corresponde, pero de lo que sí puedo hablar es de lo que vi en mi casa. Y yo vi a un padre enamorado de su hija que ponía todo su corazón en que estuviera bien, dejaba de hacer sus cosas para atenderla, se le caía la baba con ella, la llenaba de besos, caricias, y para qué vamos a mentir, la tenía muy mimada. A mí también se me caía la baba, pero de ver cómo la quería y el gran padre que era me hacía admirarlo más y sentirme la persona más afortunada del mundo por tener un padrazo de tal calibre a mi lado.

Quiero concretar que nunca, a pesar del gran amor que sentía por su hija, me sentí en un segundo plano. Por mi parte, intenté que también fuera así y que se sintiera muy querido y no desplazado por la nueva vida que acababa de llegar. Manu y yo teníamos algo muy claro, y es que nos debíamos querer muchísimo nosotros para poder así transmitir ese amor a nuestros hijos. Y con nuestras dificultades, limitaciones y errores intentamos vivirlo de esa manera día a día.

10
UN FIN DE SEMANA MUY ESPECIAL

Era finales de 2017. Esa tarde, tras haber pasado el puente de la Inmaculada en familia los tres juntos en la playa, dejamos cenada y dormida a la niña y nos sentamos a descansar en el sofá. Mientras veíamos el telediario, el teléfono de Manu sonó y al ver que era su madre, lo puso en altavoz. Adoraba a su madre, y si algo le gustaba era hablar con ella diariamente. Yo siempre me he llevado genial con mi suegra, es buena, graciosa y muy divertida. Me ha tratado y me ha hecho sentirme como una hija más. A Manu le gustaba meterme en las conversaciones y hacerme partícipe de ellas, y a mí me encantaba que lo hiciera. Por eso, como de costumbre, puso el teléfono en altavoz y pude escuchar toda la conversación.

—Mamá —dijo de forma cariñosa.

—Hijo, ¿cómo estáis?

—Mamá, pues estamos reventados, hemos llegado hace un rato, la niña ya duerme y ahora descansamos. ¿Por dónde vais? —le preguntó.

—Estamos llegando a Valencia —respondió su madre.

—¿Qué tal lo habéis pasado en la peregrinación de Lourdes?

No dio tiempo a que contestase porque su hermana pequeña, Gema, que también iba en el coche, cogió el teléfono.

—¡¡Manuel!! ¡¡A la próxima tenéis que venir, ha sido brutal!! —exclamó.

—Algún día iremos… Ahora con la niña no era viable, ya lo sabes, Gemita —le contestó con cariño.

—¡Ya! Pero tenéis que venir algún año, porque os va a encantar. Y por cierto, ¿sabes qué? Tengo una sorpresa para ti, te voy a hacer un regalo.

—¿Un regalo?

—Sí, un fin de semana en un lugar, y me haría mucha ilusión que fueras. Así que, por favor, resérvate el último fin de semana de enero. Mi novio también irá contigo —le comentó.

—¿Pero dónde quieres que vaya, Gema? —le preguntó a su hermana.

—Ahhh…, es una sorpresa. Confía en mí. No te puedo decir nada más. Tú resérvatelo y ya verás.

—Mmmm, demasiado misterio veo aquí… Vale, me lo reservo, me fío, pero ya lo hablamos, ¿OK? Ahora id con cuidado, y nos vemos esta semana.

—¡Vale! Nos vemos, buenas noches, Manuel. Descansad.

—¡Buenas noches, familia! —dije yo.

Manu y yo, al colgar, comentando la conversación, intentamos averiguar qué querría Gema aquel fin de semana de enero. Y tras barajar varias opciones intuimos que sería la despedida de soltero de Fer, su novio, pues se casaban en mayo de ese mismo año.

«ME VOY A UN RETIRO»

No volvimos a hablar del tema; de hecho, a mí se me olvidó por completo hasta la llegada de esa última semana de enero de 2018. Aquel miércoles, Manu, tras llegar de trabajar, me dijo:

—Laura, el viernes me voy a un retiro.

—¿A un retiro?, ¿de qué? —le pregunté.

—Si te digo la verdad, no lo sé, me ha llamado un chico y me ha dicho que estoy apuntado a un retiro espiritual.

—Pero ¿no te ibas a la despedida de soltero de Fer? —pregunté extrañada.

—Sí, eso pensaba yo, hasta que me ha llamado este chico diciendo que el viernes a las seis de la tarde tengo que estar en una casa de espiritualidad en el Vedat de Torrente.

Mi cara cambió por completo.

—¡Una casa! ¿Torrente? Tu hermana ¡¿para qué te apunta a un retiro?! —exclamé.

—No tengo ni idea, pero voy a ir… No le voy a hacer el feo, me sabe mal, Laura.

—Bueno, vale, ve. Pero he de decirte que me parece muy extraño todo.

La palabra «retiro» no la escuchaba desde que estaba en el colegio. Al único retiro al que yo había asistido fue precisamente en mi época escolar, cuando yo tendría unos catorce años, y aunque nunca renegué de Dios ni estuve lejos de Él, mi único fin en aquel retiro fue pasármelo bien con mis amigas, hablar todo lo que pudiera y más y si eso rezar algo en el camino. Nunca más volví, ni tampoco tuve interés en ello. Consideraba que tenía una fe perfecta, hecha a mi medida, mi misa de los domingos y alguna oración cuando necesitaba ayuda era más que suficiente. Todo me iba sobre ruedas y no precisaba más en mi vida. Sabía que Dios era bueno y pensaba que los que rezaban o acudían a misa con asiduidad realmente le tenían miedo a Dios y, aunque los respetaba, los consideraba algo exagerados.

Manu y yo íbamos más o menos a la par en este aspecto, así que pensé que si yo no necesitaba ningún retiro espiritual en mi vida, Manu tampoco. No quise decir nada, menos aún me molestó que aceptase ir, pero me pareció muy extraño que mi cuñada quisiese apuntar a mi marido a un retiro, de no se sabe qué, porque no me dio ninguna explicación ni me dijo de qué se trataba.

Más tarde con el tiempo, Gema me confesó que ni conocía este tipo de retiros espirituales ni sabía de qué iban, pero que allí, en Lourdes, tras recibir la inscripción por parte de una amiga para apuntar a su novio, sintió algo en el corazón que la llevó a apuntar también a su hermano.

Llegó el viernes y Manu se fue al retiro un poco a regañadientes. Recuerdo mientras se hacía la maleta decirme que quería quedarse en casa con nosotras, que estaba cansado y que lo último que le apetecía era irse de retiro. Le animaba a ir a pesar de todo, le aseguré que pasaría rápido y que ya estaba organizado, que no podía decir que no.

Ese fin de semana lo aproveché para estar con mi familia. No le di muchas vueltas ni pensé qué estaba haciendo allí, porque en realidad desconocía todo aquello. Simplemente confié en que me lo contaría a su vuelta. Pero Manu se adelantó y el sábado por la noche, ya a altas horas de la madrugada, me escribió un wasap que tuve que leer hasta en dos ocasiones porque en la manera y en la forma del mensaje no reconocía a mi marido.

Estaba muy bien escrito, pero no parecía él. De repente hablaba de Dios como con un cariño especial, nunca antes lo había oído hablar así. Me dejó pensativa…, ¿qué había ocurrido aquella noche para que me dijese esas cosas?, ¿por qué me escribía contándome cuánto quería a Dios con una profundidad nunca antes referida?

Al día siguiente todo aquello acababa, yo tenía verdadero interés por saber qué estaba ocurriendo allí, así que fui a la misa de acogida, junto con mi cuñada y su padre, que se celebraba en Torrente. Lo vi entrar por el pasillo con un montón de hombres mientras un coro y los que habían hecho ese retiro cantaban con intensidad una canción que repetía una frase: «Caminamos a la luz de Dios». Estaban muy alegres, algunos incluso emocionados. Llevaban una rosa roja en la mano. Todos iban vestidos con un polo blanco con un logo bordado en la zona pectoral izquierda donde resaltaba una cruz marrón, una rosa roja y debajo había una palabra escrita: Emaús.

Manu tenía la cara relajada, estaba sonriente, pletórico, me miró, me sonrió y me guiñó un ojo. Al acabar toda aquella celebración, antes incluso de encontrarme con él, quise hablar con mi cuñada.

—Gema, me puedes explicar... ¿qué es esto?

—Laura, no lo sé, te lo prometo. Yo sentí que debía apuntar a Manu y así lo hice.

—Ya..., pero ¿de qué va?, ¿qué es eso de Emaús?

Gema no supo responderme porque realmente no sabía nada, yo jamás había escuchado la palabra «Emaús», y todo aquello, aunque precioso, me seguía pareciendo marciano. Así que lo tuve claro, nada más encontrarme con Manu, y darle un abrazo, le dije que me tenía que contar muchas cosas. Empezó a presentarme a gente, todos llevaban la misma sonrisa, y me decían que tenía que hacerlo. Yo seguía desubicada y sin saber muy bien qué decir, con una cara que mostraba una mezcla de expectación y, no mentiré, algo de suspicacia. El viaje de vuelta me lo pasé entero preguntándole qué había hecho el fin de semana, qué había pasado el sábado. Quería que me explicase qué era eso de Emaús.

—No te puedo contar nada, hazlo y podremos hablar, Laura —me repetía Manu.

—¿Perdona?, ¿cómo que no me puedes contar nada? Soy tu mujer y entre nosotros no hay secretos.

—Lo siento, pero nada te puedo contar. Esto es un regalo, y los regalos se dan cerrados, no abiertos. Si te lo cuento, perderá toda la gracia. Y, además, quiero que realmente lo hagas.

—Vale, no me cuentes nada, pero solo una cosa: ¿por qué me mandaste ese mensaje el sábado por la noche?, ¿qué pasó, Manu?

—Te repito que no te puedo contar nada ahora, Lauri. Hazlo y hablamos.

—Me estoy enfadando, Manu. No entiendo por qué no me lo cuentas.

—Confía en mí, hazlo… y podré contártelo todo.

Manu no soltó prenda, lo volví a intentar varios días después, pero no me contó nada. Únicamente le ponía para dormir a nuestra hija una música que había conocido en el retiro y que confieso me daba un poco de miedo escucharla, era como mística. Eso sí me lo explicó, la había escuchado allí, y me dijo que, según le habían comentado, no estaba compuesta por nadie y que había sido sacada mediante un método matemático a partir de las estrellas y flores que forman el manto de la Virgen de Guadalupe. Me parecía muy extraño que no me explicara nada a excepción de esa canción, de la que tampoco me dio más información, porque a Manu le costaba guardar secretos, nos lo contábamos todo. Y era la primera vez que, a pesar de insistir, guardaba celosamente aquella experiencia.

CON UNA MIRADA NUEVA

Manu desde que salió de allí ya nunca fue el mismo. En su corazón algo había cambiado y lo pude atisbar. No fue nada muy llamativo, pero sí lo suficientemente notable para que yo, que lo conocía tanto, pudiera percibirlo. Reconozco que me daba vértigo, pues empezó a comentarme cosas que quería hacer, que antes, aunque siempre fue muy generoso, no solía decir con tanta insistencia. Además, sentía una gran necesidad por atender al débil, al pobre o al sufriente.

Tenía un gran *hobby:* los coches. Estrenamos uno poco después. El primero, porque los anteriores habían sido de segunda mano, y algo me llamó mucho la atención: no hizo bombo de aquello, incluso llegó a decirme que no se lo merecía, ¡con todo el esfuerzo que había puesto en los últimos meses en su trabajo, era más que merecido!, pero para él las cosas de esta tierra, empezaban a valer menos, su mirada ya no estaba tanto en los asuntos terrenales y así me lo iba transmitiendo. Yo me quedaba un poco impactada, mi marido con el paso de las semanas iba siendo otro, pero la verdad es que notaba que era cada vez mejor, era Manu, pero mejorado.

Por mi parte, yo seguía en las mismas, seguía sin ir conmigo. Manu continuaba insistiendo:

—Lauri, tienes que hacerlo —y puntualizaba—: te va a cambiar la vida.

Ante ese comentario saltaba rápidamente y le respondía con rotundidad:

—Me gustará…, pero te aseguro que no me va a cambiar la vida. Estoy fenomenal como estoy y no necesito nada más.

—¡Ya verás, ya! —Se reía ante mis palabras.

Siempre fui un poco cotilla, y cada vez estaba más intrigada de todo lo que estaba viendo en el hombre al que amaba. Veía que le había hecho bien, pero yo quería ir más allá y profundizar en el asunto. Además, en marzo nos íbamos a Maldivas y había escuchado en la misa donde fui a recibirlo que había un retiro para mujeres en febrero, y es que yo en mi cabeza me imaginaba un viaje idílico, algo así como estar en el paraíso, los dos tumbados bajo el sol con vistas a un horizonte turquesa, hablando de la vida, del amor y del cielo... Vamos, peliculera a más no poder.

Así que me armé de valor y empecé a poner solución a todo aquello. Una noche llamé a mi amiga María y le conté lo que había ocurrido, que mi marido había ido a un retiro y que había venido cambiado, se lo pinté muy bonito para convencerla de que se viniera conmigo, porque una cosa es cierta: y es que yo a un retiro espiritual no me iba sola ni muerta. Pero me comentó que en febrero no era viable, pues se casaba en abril, y aprovecharía los fines de semana restantes para organizar cosas.

Así que no fui en febrero y tuve que marcharme a Maldivas sin saber qué estaba ocurriendo en el corazón de mi marido.

11
¿QUÉ TE ESTÁ PASANDO, MANU?

A través del gran ventanal de la T4 de Barajas, mientras comíamos una hamburguesa antes de embarcar, veíamos como preparaban nuestro avión que nos llevaría dirección Malé, capital de Maldivas.

Mientras esperábamos hicimos una videollamada a mi madre, que se quedaba con nuestra hija. Ver su carita nos dio pena a ambos, justo unos días antes acababa de cumplir dos años y empezaba a hablar, y aquella lengua de trapo nos volvía locos y nos sacaba la mejor de las sonrisas. Nunca habíamos estado tanto tiempo sin ella, serían unos días, así que tras decirle cuánto la queríamos y despedirnos, nos quedamos un poco tristes. Pero, aun así, teníamos gran ilusión de ese viaje planteado como una segunda luna de miel. Buscábamos descansar, Manu llevaba unos meses de intenso trabajo, queríamos desconectar del mundo para dedicarnos tiempo, no mirar el reloj, despertarnos sin despertador, hablar de nuestras cosas…

Como solía hacer, porque para mí era mi afición,

dediqué mucho tiempo a organizar el viaje para que todo fuese perfecto. Esta vez haríamos pocas escalas, una única en Dubái, donde dormiríamos dos noches a la vuelta, y así poder viajar tranquilamente para no pegarnos grandes madrugones.

Ya en Malé nos recogió un barco para llevarnos a la isla donde estaba situado el hotel, nuestra llegada la recuerdo como si fuera ayer. Esa mañana del 18 de marzo de 2018 el sol brillaba sin ninguna nube que pudiera hacer sombra en la isla. El agua de un precioso color turquesa intenso estaba en calma, no obstante, había brisa y la temperatura era perfecta. Me había encargado de escoger una buena época para viajar, pues en Maldivas llueve mucho, y *a priori* aquello parecía que empezaba muy bien.

Nada más llegar, el personal del hotel nos recibió con una canción de bienvenida. Bajamos del barco que nos había recogido en el aeropuerto y nos llevaron a nuestra habitación en un *buggy*. Durante el trayecto pudimos observar cómo era el hotel: una pequeña isla llena de palmeras y árboles exóticos rodeada de una especie de laguna con un color turquesa único y conectada con otra isla por una pasarela de madera. Habíamos elegido una habitación encima del agua, una *watervilla*, orientada para poder ver la puesta de sol cada noche.

El chico que conducía el *buggy* bajó nuestras maletas, nos abrió la puerta y nos deseó que la estancia fuera especial. Entramos en la villa y una música relajante inundaba una habitación impregnada con un aroma a flores frescas, las vistas desde la cama eran un privilegio, y todo un gran ventanal nos dejaba ver un horizonte de mar en calma. La villa contaba con una terraza solárium donde podíamos directamente bajar al mar. Nos asomamos y vimos pasar por debajo de la habitación una manta raya. Tuvimos que sacar nuestros móviles e inmortalizar lo que estábamos viendo. Realmente para mí, viajera empedernida, era un sueño más cumplido. Recuerdo no creerme estar allí con él... Era todo tan perfecto, repito, tan perfecto, que no cabía más en mí. Es que no había un pero, el tiempo era el mejor, la villa era preciosa, las vistas no había visto cosa igual en mi vida... y ante esa estampa yo le miraba a él y él me miraba a mí... y no pudimos hacer otra cosa que abrazarnos. ¿Acaso podíamos pedir más?

Aquello fue el principio de un viaje sin parangón, el tiempo nos acompañó cada día, la imagen era como la de los catálogos de las agencias, de colores intensos, playas de arena blanca, un mar siempre en calma con todo tipo de animales: pequeños tiburones, peces exóticos, caracolas, arrecife de coral, tortugas marinas, estrellas de mar..., lo vimos todo.

Antes de salir a desayunar y con la marea baja, despertaba con un primer baño, siempre me ha gustado nadar y poder hacerlo así en un mar de ensueño no lo iba a desperdiciar. Manu, más de secano que yo, me miraba desde arriba tumbado en la hamaca, y mientras repasaba sus mensajes o leía el periódico, esperaba para irnos a desayunar.

La comida estaba cuidada y era de gran calidad, cada mañana cogíamos fuerzas para el resto del día, que dedicábamos a nadar, hacer *snorkel,* tomar el sol, pasear por la arena, viajes en kayak... Nos movíamos en bicicleta de un lado a otro de la isla, esta vez sí, no como en Bali. Nos gustaba inspeccionarla, yo aprovechaba para sacar fotos de revista con el trípode que me había llevado de España, un auténtico paraíso a nuestros pies. Por las noches solíamos ir a un restaurante, cada día distinto; esas cenas las tengo grabadas a fuego, siempre eran románticas y bajo la luz de la luna con el sonido del romper de las olas de fondo. A veces cogíamos una pequeña barca que nos llevaba a la otra isla y así cambiábamos de restaurante, pero en todo momento rodeados de mar y bajo las estrellas.

Recuerdo nuestra última cena en una mesa iluminada por antorchas y situada junto a la orilla del mar, nos daba mucha pena dejar todo aquello, yo saqué el móvil y quise inmortalizar el momento haciendo un vídeo resumen de nuestra estancia en Maldivas. Manu, con un tono de sorna que le caracterizaba, definió el viaje como «un paraíso abrasador solar», y es verdad, volvimos a España quemados como cangrejos a pesar de la cantidad de protección que utilizamos. ¡Cómo pegaba el sol! Si es que solo nos llovió una mañana y hasta casi dimos gracias porque nuestras pieles no podían soportar tanta radiación solar.

Durante esos días no hablamos nada de lo ocurrido dos meses antes, en general dejamos nuestra vida de lado y nos dedicamos a nosotros. Todo pasó, como suele ocurrir con lo bueno, demasiado rápido. Un viaje que recordaré siempre, es imposible no hacerlo. Cada vez que viene a mi cabeza doy gracias a Dios por los momentos vividos, nos dejó estar juntos, disfrutarnos, sin obligaciones, simplemente querernos y dedicarnos tiempo. ¡Qué gran regalo nos volvía a brindar la vida!

UNA CONFESIÓN MUY REVELADORA

Las semanas posteriores al viaje, y ya tras llegar a casa, fue una especie de aterrizaje a la realidad, volvimos a nuestras tareas y rutinas. Manu incluyó algo nuevo a sus días: cada lunes por la noche se marchaba a las reuniones que celebraban sus amigos, o como él los llamaba, hermanos de Emaús, en la parroquia. Yo reconozco que no entendía nada, y aquello de hermanos, pues para qué voy a comentar, me parecía raro, porque solo entendía por hermanos los que son de la misma sangre. Pero a él le hacía realmente feliz, así que tampoco le ponía muchos impedimentos.

Su vida seguía cambiando, y tanto es así que un día comiendo en nuestra mesa de las confidencias, y hablando precisamente de cómo él estaba transformando su vida poco a poco, me miró a los ojos, y con una mirada un poco tímida me hizo una confesión:

—Laura, he de decirte algo…

—Dime, ¿qué ocurre?

—Pues que no puedo ocultarte que el día más bonito de mi vida fue esa noche de sábado en el retiro de Emaús.

En ese instante mi cara cambió por completo, y él se percató. Seguía sin darme explicaciones por aquello de mantener el secreto, y lo que me estaba confesando me molestó un poco.

—¿Pero qué me estás contando, Manu?

—Bueno…, perdona… Quería decir después de nuestra boda y el nacimiento de nuestra hija —rectificó.

—Ya… —dije con un tono de no creerme nada.

Sabía que me estaba diciendo una verdad a medias, vi su mirada, y se me puso un nudo. De repente, sentí que yo ya no era el centro de su vida, ni siquiera nuestra hija. Sabía que nos amaba, pero que había algo superior a todo aquello. Lo llevaba notando hacía tiempo, y sabía también que por amor a nosotras quiso arreglarlo de una forma piadosa para no dejarnos en un segundo lugar. No entendía ni quería entender nada. ¿Cómo una noche en una casa de retiros espirituales había sido el mejor día de su vida?, ¿estamos locos?, ¿qué le estaba pasando a mi marido? Es que ya no era él… y la verdad es que era mejor, incluso nos quería de una forma más profunda y verdadera. Me gustaba que quisiera a Dios, pero de alguna manera quería que volviera el Manu de antes, tenía un poco de miedo a lo desconocido. Él iba de la mano conmigo en todo, tanto en lo espiritual como en lo de la tierra, pero de repente íbamos a ritmos un poco diferentes. No he sido una persona celosa, pero en ese momento sentí algo de celos, pues ese Dios del que hablaba en el mensaje de WhatsApp esa noche de sábado en el retiro había pasado a ser lo primero de su vida. Y yo, su mujer, a la que había demostrado querer por encima de todo, ya no me sentía en ese primer lugar como antes, aunque realmente sí estaba en ese primer lugar, pero de una manera distinta… Con el tiempo he entendido que más verdadera. Aquel día me marcó, no quise que se notase, porque sabía que era bueno, pero me daba rabia no entender nada y que encima no pudiese contármelo.

Poco después y cerca de mi treinta y dos cumpleaños, llegó a casa un día después de trabajar y me dijo:

—Laura, no sabes qué suerte has tenido.

—¿Qué ha pasado, Manu? —le pregunté.

—Pues que el retiro de finales de mayo de Emaús de mujeres estaba lleno y ha habido una baja, así que vas a poder hacerlo. ¡Te he apuntado!

Yo no podía esperar más a saber qué le había ocurrido a mi marido y necesitaba que me lo contase, así que le contesté rápidamente.

—¡Vale! ¡Iré!

—¡Qué alegría me das, Laura! Quiero que sepas que... este es MI REGALO.

—¡Vale! Es tu regalo y por eso voy a ir, me da un poco de cosa ir sola, pero te digo algo... Necesito que me cuentes todo y así entenderé lo que te está ocurriendo. Ya no aguanto tanto misterio.

—¡¡¡Te va a cambiar la vida, ya verás!!!

—Manu, lo hemos hablado muchas veces. Estoy segura de que me va a gustar, porque confío en que no me vas a llevar a nada malo, pero estoy genial como estoy, y de verdad que no quiero cambiar mi vida en este aspecto.

—¡Otra vez! Tú no te fías de mí... y yo te digo que te va a cambiar la vida.

—Bueno... Lo que tú digas, pero ya verás que no.

—A la vuelta me lo cuentas, y entonces te contaré yo... ¡¡¡toooodo!!!

Y así, a modo de regalo y un poco de rebote, es como fui apuntada a un retiro al cual solo quería asistir por una única razón: averiguar qué estaba pasando con mi marido.

Llegó mi cumpleaños, el 9 de mayo, y ese fin de semana, el sábado, hicimos una barbacoa en casa. Era difícil reunir a todas mis amigas con sus maridos e hijos, pero ese día lo conseguimos. ¡Estábamos todos! La barbacoa fue otro regalo más en mi vida, rodeada de cariño y felices, celebramos la vida una vez más.

Cuando todos se fueron, Manu y yo nos quedamos hablando y recordando nuestro viaje a Maldivas. Él sacó la *tablet* y empezó a pasar las fotos una a una, y la conversación derivó en que nos sentíamos abrumados por tanto bien en nuestras vidas, ya no solo material, sino sobre todo personal. A veces incluso nos daba hasta reparo, porque, la verdad, todo nos iba sobre ruedas.

Recuerdo, mientras íbamos comentando, pararme en una foto y decirle a Manu, de esa forma espontánea a la que acostumbraba:

—Manu, ¿te das cuenta? Ya hemos estado en el paraíso terrenal..., ahora ya solo nos falta el paraíso eterno.

Ante aquel comentario, se quedó callado y siguió pasando fotos.

12

EL DÍA MÁS BONITO DE SU VIDA

Dos días después de todo aquello era lunes 14 de mayo y Manu, en mitad de la consulta, me llamó eufórico.

—Lauri, ¡¡¡la biopsia del lunar no es melanoma!!! El dermatólogo me ha dicho que lo celebre con un vino, que de esto no me muero.

—¡Qué descanso, Manuel! ¡Llevo dos semanas con un nudo de pensar que pudiera ser malo!

—¡Pues no lo es! ¡¡Lo vamos a celebrar!!

Unas semanas antes de ese resultado, un día en el baño me di cuenta de que un lunar de Manu se había hecho muy feo. Tanto, que le hice foto y se la mandé corriendo a un amigo dermatólogo para preguntarle. Y su respuesta fue: «Eso hay que mirarlo cuanto antes».

Realmente estaba preocupada, pues no era la primera vez que veía algo así en su familia. Su madre había sido diagnosticada de un melanoma dos años antes, cuando al sentarse a mi lado un día en la piscina del Náutico le vi una lesión en la parte dorsal del pie. Mi suegra no iba al Náutico desde hacía años, y menos a la piscina, de hecho, no ha vuelto desde entonces, pero ese día decidió ir para estar con su nieta, que tenía unos pocos meses. Casualidad o no, yo cuando vi aquello he de reconocer que puse el grito en el cielo.

—¡Pero cómo llevas eso en el pie y no me has dicho nada! ¡No quiero asustarte, pero lo que estoy viendo no me gusta nada y hay que quitarlo ya!

Aquella lesión yo sabía que era melanoma y, además, avanzado. Solo había que verlo. Me asusté mucho, porque el melanoma es un cáncer muy agresivo y potencialmente mortal si no se diagnostica a tiempo, y aquello tenía muy mal aspecto. Nos pusimos manos a la obra y, gracias a Dios, dos días después la lesión estaba extirpada. Efectivamente era melanoma infiltrante de un grado avanzado que fue cogido a tiempo, «con pinzas» y mucha suerte, pues si hubiera sido visto poco tiempo después no sabemos qué hubiese pasado.

Mi miedo era que Manu, con los antecedentes de su madre, tuviera melanoma. Aquella lesión no era como la de ella, pero tampoco tenía buena pinta, así que cuando me llamó dándome la gran noticia, descansé, aunque he de reconocer que sentí algo en mi interior que no me dejaba tranquila, tenía miedo de nuevo. Recuerdo irme a comprar unos zapatos con mi madre para la boda de mi cuñada Gema, que se casaba dos semanas después, y decirle un tanto preocupada:

—Mamá…, ¿y si se han equivocado los patólogos? Tenía mal aspecto esa lesión.

—Laura, ¡cómo se van a equivocar, mujer! Eso ya sabes que lo miran y lo remiran. Estate tranquila, que Manu no tiene melanoma.

—Uff, es que llevo aún el susto en el cuerpo, mamá.

—Pues, tranquila, eso es porque lo tienes reciente, ahora no pienses en esas cosas.

Seguimos de compras y poco a poco se me fue de la cabeza ese mal pensamiento. En mi mente de nuevo rondaba el miedo atroz a perder al amor de mi vida, a mi apoyo, mi confidente, mi media naranja… Al fin y al cabo, a mi todo. Toda mi vida era él… y lo demás iba después, incluso Dios, y cualquier cosa que me atisbase una posibilidad de perderle me hacía perder también la paz y pensar cosas absurdas y sin sentido.

LA DESPEDIDA

El jueves de esa misma semana nuestra hija tenía una fiesta de disfraces en la guardería, yo salí pitando de casa porque llegaba tarde al trabajo, Manu se quedó vistiéndola, le puso unas orejas de conejito y una faldita monísima que él mismo había comprado y la llevó a la guardería. Ese día y a media mañana empecé a sentirme mal mientras trabajaba. Sentada en la silla de mi mesa notaba cómo mi corazón latía demasiado deprisa, era como estar haciendo una maratón, pero sentada. Tuve que dejar la consulta a mitad e irme a la sala de enfermería.

Nada más llegar, les dije a las enfermeras que no me encontraba bien, me tumbaron en la camilla y me hicieron un electrocardiograma. Mis otras compañeras pasaron a verme y examinamos juntas el electro. Efectivamente, tenía una taquicardia sinusal, mi corazón latía a unos ciento treinta latidos por minuto en reposo, y pensamos que lo mejor era irme a casa para estar tranquila a ver si aquello cedía un poco.

La mañana anterior, en vistas de que ya llevaba unos días regular, sumado a que esto me había pasado un mes antes, aunque no dije nada a nadie, llamé para coger cita con cardiología, y casualidades de la vida había habido una baja de última hora y me la dieron para el día siguiente. Así que en el fondo estaba tranquila, aquella misma tarde me vería la cardióloga.

De vuelta a casa en el coche llamé a Manu y le conté lo que había ocurrido. Estaba preocupado y vino a comer conmigo. Intentando animarme, él me contó qué había hecho esa mañana: se había encontrado con varias personas que hacía tiempo que no veía. Le comenté que no podría recoger a la niña de la guardería porque tenía la cita médica coincidiendo con su hora de salida, y le dije si quería que fuese mi madre, porque a esas horas siempre estaba trabajando, pero me aseguró que esta vez iría él, que se cogía la tarde libre. Le hacía ilusión recogerla, pues nunca antes lo había hecho él solo por su horario.

Fui al cardiólogo, la doctora me tranquilizó, me explicó que sí que tenía una taquicardia, pero que no veía nada malo. Me recetó un beta-bloqueante para frenarla y me pidió un *holter* para el día siguiente. Me marché un poco más tranquila.

Al llegar a casa me abrió Manu, y nuestra hija apareció por la puerta ya en pijama con un lazo rojo perfectamente puesto en aquel poquito pelo que empezaba a crecer. Ambos me dieron la bienvenida. Cogí a Rocío en brazos y le di un beso. Estaba taaan mona, recién duchadita, olía a bebé.

Al entrar me di cuenta de que mi marido no estaba solo, mi suegra había pasado la tarde con él. Aquello era la excepción de la excepción, poder pasar una tarde de jueves con su madre, haber podido recoger a su hija de la guardería, jugar con ella, bañarla, ponerle el pijama, darle la cena… No era algo usual, por no decir que no lo había podido hacer nunca antes.

Estuve con mi suegra y mi marido. Nos íbamos unos días después a Cracovia a un congreso europeo de medicina de familia al que Manu quiso acompañarme, y mi suegra me dijo que si seguía así, no estaba en condiciones de ir. Manu le dio la razón, pero yo seguía empecinada en acudir. No conocía Polonia y me hacía ilusión irnos los dos, pensé que aquello se me pasaría.

Justo después de irse mi suegra de casa, me quedé hablando con Manu, la cardióloga me había dicho que no corría peligro, pero me entró miedo, y así como solía yo soltarle las cosas, un poco a bocajarro, le dije:

—Si me muero, que sepas que te quiero.

—Lauri, me estás asustando. No digas esas cosas, ¡por favor! —me respondió.

—Bueno… Tú, que sepas que si me muero, yo a ti te quiero.

Y ahí quedó aquella conversación. Por la noche cenamos como cualquier otra más, tratando sobre nuestro día. Manu había hablado con su mejor amigo David y me comentaba un poco la charla. Al terminar nos sentamos en el sofá y volvió a llamar a su madre y, como solía hacer, la puso en altavoz. No quería que nos fuéramos en aquellas condiciones a Polonia, pero yo seguía a la mía:

—La cardióloga me ha dicho que no es nada y nos iremos.

—Ya verás como al final no vamos —declaró Manu—, no estás para ir y yo no quiero que nos vayamos así.

Después de colgar con su madre, llamé a mi mejor amiga María, que por trabajo estaba en Nueva York. La puse en altavoz también y estuvimos los tres hablando y comentando su viaje; finalmente nos despedimos.

Tras aquellas conversaciones me quedé dormida en el sofá. Manu me despertó para que me fuera a la cama y medio adormilada me lavé los dientes y me metí en la cama. Aquella noche decidí ponerme los tapones, pues aunque siempre me gustó dormir con ellos, desde que había sido madre no me los ponía por si acaso nuestra hija necesitaba algo, pero esa noche le dije a Manu que, por favor, se encargara de la niña, que yo no me encontraba bien y necesitaba descansar. Esas fueron mis últimas palabras de aquel día.

«YA ESTÁ..., SE HA ACABADO TODO»

Cuarenta minutos después, unos gritos desgarradores como jamás antes había escuchado de nuestra hija me despertaron, y es que, aunque llevara tapones, era imposible no oírla. La niña estaba en la habitación contigua y desde la cuna gritaba sin parar. Sin abrir los ojos le dije a Manu en varias ocasiones que fuera a atenderla, que no me encontraba bien, pero veía que no contestaba ni tampoco iba, así que tras insistir varias veces encendí la luz y lo vi. No respondía a nada, aparentemente dormido y con una cara relajada, yacía a mi lado. Empecé a zarandearle, le pellizqué, le abrí los ojos... Manu seguía sin responder a ningún estímulo.

Fueron solamente segundos en los que me dio tiempo a llamar a mis padres, que aún estaban despiertos, para que vinieran a atender a nuestra hija, llamar al 112 suplicando un SAMU, y empezar a reanimarlo. Si mi corazón latía horas antes a ciento treinta latidos por minuto, no sé a cuántas pulsaciones me pude poner mientras realizaba la reanimación. Yo solo notaba mi corazón latiendo a muchísima velocidad y con una sensación de que se me salía por la boca, pero me daba exactamente igual, mi único fin era que mi marido volviese en sí. Entre tanto le hablaba y le suplicaba que, por favor, volviera, no perdí la esperanza ni un solo segundo. Seguí, saqué fuerzas de donde no tenía y no paré durante veinte largos minutos, salvo algún momento que mi madre me ayudó, hasta que llegó el SAMU a casa. Mi padre se llevó a mi hija, que seguía llorando…

Me cuesta escribir cada palabra de ese instante tan duro, mi cabeza ha intentado neutralizar tanto dolor, porque lo que yo sentí no puedo plasmarlo en este libro, es imposible. Es como si tu vida entera se pulverizara, todo de repente desapareciera para dar paso a un vacío indescriptible, a un no tener nada… En mi mente, cuando ya se supo que no había nada que hacer, repetía: «Se ha acabado todo, se ha acabado todo, ya está…, se ha acabado todo». Andaba de un lado a otro de la casa nerviosa, no sabía qué hacer. Le seguía pidiendo que volviese, pero Manu… ya se había ido.

Ese momento ha sido lo peor con lo que he tenido que lidiar hasta el día de hoy, una auténtica pesadilla en mi vida y en mis manos. Cada vez que lo pienso… Aquello era realmente macabro, porque tuve que actuar, era mi turno, y tuve que hacer lo que él siempre deseaba que yo hiciera, esta vez no era ni en la calle, ni en el cine ni tampoco en un barco, esta vez era en mi propia habitación, y el paciente era él mismo.

Siempre he pensado que él lo vio todo, que fue consciente de aquello, que vio cómo intenté salvarle la vida, yo era su orgullo, como él decía, y así me lo había hecho sentir. Me lo he imaginado muchas veces mirándome ya desde arriba y fuera de su cuerpo, diciéndome como solía hacer: «Lauri, lo estás haciendo fenomenal, estás haciendo todo lo que puedes… No te preocupes, que estoy perfectamente, feliz. Qué orgulloso me tienes».

Y así, sin más, la madrugada del 18 de mayo de 2018 en un segundo, toda mi preciosa vida, llena de cosas, de alegrías, de triunfos, de éxito a raudales, de belleza…, se desvaneció. Manu había fallecido de muerte súbita sin causa aparente dejando a una hija de dos años y a una mujer viuda de treinta y dos recién cumplidos. Mi vida con él, nuestros inicios como novios, nuestra boda, el nacimiento de nuestra hija, viajes, momentos vividos… pasaron por mi mente…, ¡qué vida más preciosa había tenido! Casi once años de felicidad en estado puro, pero todo eso había llegado a su fin.

Me enfrentaba a un futuro sola sin el amor de mi vida, sin la persona que me completaba, sin mi mayor apoyo, sin su compañía, sin sus abrazos, sin sus besos ni sus bromas, sin sus manías… Mi cama, a partir de ese día, estaría vacía, también nuestra mesa de confidencias, ya no podría cogerle de la mano al pasear, tampoco verle navegar, jugar con nuestra hija, cotillear como le gustaba de todo, escuchar sus historias, verle vestido cada mañana con esos trajes con los que estaba tan elegante, comer chuches y helado mientras veíamos una peli… y tantas y tantas cosas más. ¡Qué vacío tan grande me dejaba Manu! Un vacío proporcional a la grandeza de su persona.

Me dio mucha tranquilidad saber cómo se había ido, sin sufrimiento alguno, sin enterarse, durmiendo, soñando mil planes… Habiendo pasado las últimas horas con su hija, su madre y conmigo, habiendo hablado con tanta gente como hizo ese día. De otra manera jamás hubiese soportado la idea de saber que nos dejaría solas a su hija y a mí, fue feliz hasta el último suspiro de su vida. ¡Qué serenidad la mía! Y dejaba un gran legado: una hija, con esa mirada suya, que vaticiné sin darme cuenta. Efectivamente, Dios sabía lo que iba a permitir y quiso dejarle esos ojos que cada vez que los miro, con un color exacto a los suyos, puedo verlo a él. Yo, inconscientemente, deseaba recordarle de alguna manera, y aquel deseo también me fue concedido.

Una luz en el dolor

En ese momento, entre tanto dolor y un estado de *shock* brutal, mientras recapitulaba conversaciones con él, tuve un momento de gran lucidez, y recordé la conversación en nuestra mesa de las confidencias de semanas atrás. Pude recordar lo que me había dicho, que el mejor día de su vida había sido en una casa de retiros espirituales. Y entonces caí en la cuenta, se abrió un horizonte en mi corazón, mis ojos despertaron... Por fin lo entendía todo con una claridad pasmosa. El mejor día de la vida de mi marido no había sido en una casa de retiros espirituales una noche de enero, en donde aún sin darme explicaciones, entendí que tuvo un encuentro con Dios. El mejor día de la vida de mi marido era ese mismo día, el 18 de mayo de 2018, en el que se encontró con Dios, pero esta vez cara a cara al partir al cielo.

Y en mi cabeza, a pesar de un dolor indescriptible, lo imaginó en esa llegada al cielo: lo vi fundido en un abrazo de amor eterno con el Dios que tanto amaba, y lo vi inmensamente feliz, pleno, lo vi como nunca antes lo había visto, disfrutando del amor de Dios para la eternidad. Verlo así me hizo entender que había alcanzado la meta de su vida y que ni siquiera sufría por dejarnos aquí a las dos, porque el amor de Dios le completaba e incluso le dejaba ver el plan perfecto que tenía para cada uno de los que acababa de dejar en esta tierra. Aunque me costara entenderlo, de repente todo cobraba sentido. Y, además, pude sentir algo, y es que él no se fue solo allí, sino que una parte de mi ser se había ido con él allá arriba, a ese cielo maravilloso donde habitaba ahora, y otra parte de su ser se había quedado aquí conmigo, en esta tierra, en mi corazón. Una experiencia vital nueva…, cielo y tierra ahora estaban unidos por amor.

Imaginar a mi marido en ese abrazo de amor eterno hizo despertar en mí algo nuevo muy potente, un estado interior nunca antes conocido. Y es así como ese Dios que yo había tenido en mi cabeza durante treinta y dos años, y al que había amado a mi manera, bajó directo a mi corazón. Y este empezó a latir si cabe con más fuerza y arder con un fuego abrasador, pues por fin pude ver al Dios del que hablaba mi marido… con los ojos del corazón.

Fue Manu el que me presentó a Jesús, al Dios que había anhelado desde pequeña. Ese al que un día conocí en el colegio, al que iba a visitar al sagrario y no sabía qué decirle porque me sentía tonta y no entendía nada. Ese del que alguna vez no hablé o defendí por vergüenza a sabiendas de que no tenían razón, al que no hice caso muchas veces o del que no me acordé muchas otras. Ese al que le ponía límites y condiciones para poder amarle, al que le pedía mucho sin darle casi apenas nada…

Ese al que tanto tiempo creí que amaba de un modo perfecto, pero en realidad era un amor enmascarado de cierta mediocridad.

La noche en la que mi vida aparentemente se desvanecía, se hacían realidad en mi corazón aquellas palabras llenas de verdad de san Agustín: «Yo te buscaba fuera, y Tú estabas dentro de mí». Y no sentí odio ni enfado, tampoco ira ni rencor, sentí dolor, mucho dolor, un dolor profundo que iba unido a una paz interior jamás antes experimentada. Pues a pesar de ser el peor día de mi vida, sabía y entendía que era el mejor día de la persona a la que yo amaba, Manu, y de alguna manera, por el amor que yo le tenía, debía abrazar esa realidad que nunca hubiera elegido, pero que empezaba a ser mía. Un saber que, aunque no entendiera nada, podía fiarme de que no había error en todo lo que estaba ocurriendo.

Después de aquello, y cuando la casa se quedó vacía, mi madre me pidió que descansara algo, y allí me vi, tumbada a su lado, de nuevo en sus brazos, como cuando era pequeña y sentía miedo en mitad de la noche. Ella me calmaba, me acariciaba y me repetía:

—Todo va a salir bien, cariño. Confiemos. Todo saldrá bien.

Y es que en verdad esa noche yo me hice muy pequeña, me sentí una niña en brazos de una madre y con ella, en brazos de un Padre, el Señor, que había permitido que perdiera todo eso que años antes me había regalado. De un plumazo, sin explicaciones, sin previo aviso. No pude pegar ojo. No daba crédito a todo lo que acababa de vivir. Una mezcla de sentimientos muy importante y una realidad que no terminaba de creerme.

Pronto empezó a amanecer, y me puse a avisar de lo ocurrido a amigos, familiares y gente que nos quería. Mi casa a primeras horas de la mañana comenzó a llenarse de gente, venían a verme y a estar conmigo. Recuerdo estar con muchas de mis amigas reunidas en la terraza, bajo el sol. Ese día, a pesar de todo, era precioso. Yo les decía:

—Tranquilas, no os preocupéis... Es todo muy *heavy,* pero hoy es el mejor día de la vida de Manu.

Ellas me miraban muy asombradas, pues me conocían y les extrañaba ese comentario en mis labios, pero yo lo repetía:

—Hoy es el mejor día de su vida...

Creo que pensaron que aquello era por un estado de *shock,* yo al revés hubiera pensado exactamente lo mismo. Pero hoy puedo afirmar que en aquel momento estuve más lúcida que nunca, porque el comentario, fruto de una experiencia del corazón, fue el principio de lo que hoy creo y vivo y aquella experiencia no solo perdura, sino que cada vez la vivo con más intensidad en mi día a día.

Aquel 18 de mayo de 2018 fue el principio de una nueva vida en todos los sentidos para mí, un despertar en la fe y en el amor de Dios como jamás antes había experimentado, un poner mi vida en manos y en disposición de un Dios del que me sentía y me sabía fuertemente amada. Por primera vez no lo hice ni porque me lo dijeran, ni porque me contaran que eso sería bueno para mí, ni porque me habían educado en ello, lo hice porque me salió de corazón, porque me daba la gana amarle, me daba la gana fiarme de Él, y porque sentía que mi vida la quería encauzar en esa dirección. Y, además, volvía a tener un pálpito, como nunca antes había tenido, de que ese era el camino correcto. Todo lo leído y aprendido a lo largo de mis treinta y dos años por fin adquiría sentido y empezaba a apreciarlo en mi corazón roto por el dolor, y puede sonar paradójico, pero ese dolor me hacía crecer más en el amor.

Tuve la necesidad a pesar de todo de confiar en Dios, y lo tuve muy claro desde aquella noche, desde el principio. ¿Qué me quedaba acaso?, ¿enfadarme?, ¿de qué me servía vivir con odio o rencor toda una vida? Sabía que si tomaba esa actitud, eso no me llevaría a nada, no me ayudaba. Empeoraba mi vida más si cabe… Dios es bueno y lo sabía. Si esta barbaridad había permitido, debía fiarme, como cuando un niño se fía de un padre al que ama y nada malo quiere para él.

Yo siempre había sido una persona alegre y con inmensas ganas de vivir, no quería vivir con rencor y amargada el resto de mis días, y en mi corazón la llama

del amor de Dios empezaba a arder con gran fuerza...
No paraba de imaginarme a mi marido en el cielo, y
seguía viendo grandes maravillas, aunque lo quería en
la tierra conmigo. Pero entendí muy claramente que era
feliz y que si él lo era, yo debía intentar serlo a partir de
ese día, y esto, lejos de crearme sentimientos de ira, me
hacía sentir paz, de saber y entender que estaba en un
buen lugar.

13
LA CARTA

Eran las once de la noche de ese 18 de mayo y yo seguía descolocada por todo lo vivido durante ese día. Dormía en una cama al lado de mi cuñada, estar con Gema era tener un poco de Manu, y lo mismo era yo para ella. Hablábamos, llorábamos y rezábamos juntas. Es curioso cómo rápidamente, mientras intentaba conciliar el sueño, me di cuenta de que estaba recibiendo mi primer regalo caído del cielo después de la muerte de Manu. Porque yo aquel día gané una hermana…, a mi cuñada Gema, a la que apreciaba de siempre, pero que hasta entonces no acababa de conocer del todo. Pero ese día no hizo falta nada más que mirarnos a los ojos y empezar a entendernos a la perfección. Así que nos cogimos de la mano y de alguna manera sin decirnos nada nos comprometimos a vivir este dolor tan profundo juntas.

Rozar el cielo

Habíamos pasado la tarde en el tanatorio, jamás vi tanta gente en ese lugar. Vinieron de todas partes de España, compañeros de trabajo, amigos, familiares, clientes... No pudimos sentirnos más arropados. Lloré, me abracé, reí recordando anécdotas con amigos, pasé por todas las fases que puede pasar una persona con los sentimientos a flor de piel. Aquello era un desfilar de personas continuo, escuché muchas cosas buenas sobre él. Vi el gran cariño que la gente le tenía, y yo sabía que aquello no iba a quedar ahí. Manu era grande, y lo sigue siendo... Sabía que no se iba a conformar con dejarnos allí a todos los que tanto le queríamos. Sabía que haría algo, como siempre había hecho en esta tierra. Si mientras estuvo aquí no tenía límites, ¡qué no iba a hacer desde el cielo! Grandes cosas estaban por llegar. Nunca anduvo con tonterías, iba al grano y luchaba hasta el final. Yo confiaba y estaba segura de que desde el cielo nos cuidaría y haría que no nos faltase nada a su hija y a mí.

De alguna manera sentía la necesidad de empezar a escribir todo lo que mi corazón estaba viviendo. No habían pasado ni veinticuatro horas, pero aquello era demasiado fuerte para poder ocultarlo. Así que allí en la cama, en el silencio de la noche, me puse a escribir en el móvil el primero de una larga lista de escritos que me han acompañado en estos años, pero este primero sería en forma de carta. Hay algo que me sorprende cada vez que la leo, porque en ella dejé plasmado lo que ya estaba experimentando en mi corazón, y me sorprende mucho como con la fe que pocas horas antes tenía, pudiera escribir algo así. Pero la realidad es que salió solo, y en escasos diez minutos dejé escrita una carta que decidí leer al día siguiente en el entierro de mi querido marido.

Dormité como pude aquella noche, y al despertar volvió a mi cabeza de nuevo la carta. La pasé a mano y nos fuimos de nuevo el tanatorio. Si el día de antes estaba lleno, en la capilla esa mañana no cabía nadie. Bancos repletos, pasillos a reventar de personas de pie, puertas abiertas y mucha gente fuera, pero a mí lo único que me importaba era... la carta.

Durante la misa no lloré, canté más alto que en mi vida, porque si algo le gustaba a mi marido era verme cantar, y allí mi cuñada y yo, que tenemos voces similares, cantamos sin parar, como a él le hubiera gustado. No quería un día triste para mi marido, aunque yo estuviese rota y destrozada por dentro, él se merecía algo bonito, sobrio y lleno de amor. Era el día más importante de su vida, su entrada en el cielo, y quería que en la tierra, dentro de nuestras limitaciones por el dolor que sentíamos tan desgarrador, fuera triunfal.

Acabó el entierro, el sacerdote dijo unas palabras y después quise subir yo a leer la carta que tan del corazón salía. Como he dicho había mucha gente, cientos de personas, pero en ese momento para mí se paró todo, con el ataúd a mi derecha, donde quise poner una foto de los tres —nosotros dos y nuestra querida hija—, sentía que estaba como en el cielo con él, nosotros dos solos, sin nadie más, me sentía plena, con una fuerza que no puedo describir. Entonces empecé a leer:

Querido Manu:

Lo primero decirte que te hemos querido, te queremos y te querremos por siempre jamás. Ayer me diste la lección más grande de mi vida, me pusiste al Señor más cerca de mí que nunca, pues a pesar del desgarrador dolor irreparable —sé que es muy difícil de entender, pues yo misma no lo entiendo—, sentí la felicidad plena, porque sé que ayer fue el mejor día de tu vida, y pese a que a mí me ha costado el peor disgusto que me hubiera imaginado nunca, estoy feliz porque estás con Él, con Cristo, con el que últimamente estabas tan unido y con el que te encontraste aquel sábado caminando en Emaús, sintiendo aquella felicidad tan grande, y así me lo hiciste saber. Ahora estás feliz de la vida en el paraíso eterno, y, cariño, si tú eres feliz, yo también lo soy.

A pesar de que me va a costar mucho cerrar esta herida profunda, estoy serena y tranquila, con una paz interior que yo misma no entiendo, y que solo se explica por ti, por tu amor hacia mí y tu deseo de que me encuentre con Cristo también.

Decirte que tu hija, de la que estás profundamente enamorado, te va a seguir queriendo con locura, sabes que te adora, de eso me voy a encargar yo, no padezcas nunca. Ayer, por circunstancias de la vida, pudiste disfrutar de vestirla de conejito blanco —¡qué feliz ella iba!—, pasar la tarde con ella y ella contigo, darle de cenar, bañarla, que nunca puedes porque siempre estás trabajando, y ponerle su precioso lazo rojo..., ¡cómo es la vida! No podía haber habido mejor despedida, y tu hija la ha tenido.

Quiero que sepas que me he encargado de decirle a todo el mundo lo mucho que los quieres, no ha faltado nadie, cariño, nunca había visto algo igual, la gente te quiere mucho, mi vida, te queremos, eres tan bueno y generoso, que hoy estamos aquí todos contigo, rezando y acompañándote en tu camino a la vida eterna.

Estate tranquilo, porque no es que no estoy sola, es que estoy más acompañada que nunca. Qué familia más estupenda tienes, ¡¡que nos van a cuidar siempre!! ¡Qué afortunada me siento! Cuánto te quieren y cuánto te echaremos de menos. Pero juntos, aunque no lo entienda tantas veces y me pregunte por qué nosotros, saldremos adelante, cariño.

Estos dos días las cientos de personas que se han acercado a mí solo repetían lo mismo: «¡Qué gran persona es Manu! ¡Qué gran profesional!». Han venido de toda España a verte tus compañeros. Y es que, cariño, tienes esto a reventar, porque eres único, el mejor amigo, el mejor hijo, el mejor padre y el mejor marido que nadie podría tener. ¡Qué afortunada me siento de ser tu mujer! Un ángel que ha vuelto al cielo para cuidarnos desde allí.

Quiero que sepas que voy a cumplir tu deseo. Nos vemos en dos semanas, caminaré contigo en el camino de Emaús, no voy sola, voy muy bien acompañada, aunque no me hará falta porque sé que estarás allí. Te espero con el alma abierta, para llenarme de ti y de Cristo.

Siempre contigo, tu familia, tus amigos, tu mujer y tu preciosa, buena y santa hija Rocío.

¡Te quiero eternamente! DEP.

Tu mujer, Laura.

Valencia, 19 mayo de 2018

Sé que es difícil de entender, pero quiero ser sincera, aquel momento, en aquel atril, puedo decir que fue de los momentos más bonitos de mi vida en esta tierra, a la par que muy doloroso. No necesitaba nada más, sentía que él estaba conmigo. Yo saboreaba cada palabra, salían solas de mi boca… ¿Cómo puede decir una viuda joven, a la que aparentemente le han arrebatado toda su vida, que ese momento en el entierro de su marido al que ama ha sido de los más bonitos de su vida? Me hago yo misma la pregunta, porque yo misma me sorprendo, pero es que fue tal cual, aquello no lo olvidaré jamás, fue impresionante, fue rozar el cielo.

14

UN GOLPE DE REALIDAD

Los días posteriores a la muerte de Manu me produce mucho dolor recordarlos. Mi cerebro ha querido prescindir de tanto sufrimiento para poder seguir adelante, sobrevivía como podía. Todo iba taaan lento, solo quería que aquello pasara rápido para ver algo de luz. No tenía hambre. En dos semanas adelgacé cinco kilos de peso, solo una cosa iba bien: el dormir. No necesité medicación, estaba tan agotada y he tenido tan buen dormir... que ni la muerte de mi marido pudo quitarme el sueño. Además, los días eran agotadores. Acababa exhausta de tanto sufrir. Era vivir en una especie de película que parecía ficción, pero era real, por desgracia, muy real. No tuve duelo previo, ni preparación, vino todo de golpe. El duelo empezaba después de su muerte.

PAPELES Y MÁS PAPELES

Sumado al dolor desgarrador, me vi envuelta en papeleos. Es curioso como encima de tener que sobrevivir uno tiene que organizar la muerte de un ser querido, es muy desagradable. Pero está organizado así para todos. De repente me encontraba en las oficinas del Registro Civil, con un papel en mi mano que ponía «Certificado de defunción», si no recuerdo mal me dieron tres copias. No sabía para qué se necesitaba ese papel, pero luego me di cuenta de que para absolutamente todo. Para cerrar cuentas, pedir la devolución de los billetes de avión a Cracovia, para pedir ayudas para mi hija, por supuesto para la herencia, cambios de nombres… y mil cosas más. Yo, que había vivido entre algodones, me veía inmersa en un mundo burocrático que no conocía, lleno de papeles y más papeles. En tan solo unos días había madurado años, pues enfrentarme a esa realidad me hacía olvidarme de tantas tonterías que antes hubiera podido tener en la cabeza. Lo que me había pasado era muy grave, de lo peor que te puede pasar en la vida, y proyectaba un futuro en el que sola tendría que encargarme de todo, siempre con ayuda, pero al final todo dependería de mí.

He de decir que el tema del papeleo es de lo peor que uno tiene que vivir cuando se le muere un ser querido. ¿De verdad esto me correspondía a mí? Nadie te cuenta estas cosas, y con mi edad, aún menos, no tenía ni una sola arruga ni tampoco canas. Siempre he tenido cara de niña, y yo creo que cuando iba a las ventanillas de los diferentes lugares a los que acudí, gracias a Dios acompañada por mi madre o mi padre, se quedaban a cuadros. En todo momento había un «lo siento, cariño» o una mirada de compasión. ¿Qué hacía yo ahí?, ¿de verdad era real?

Todos estos trámites necesarios, pero muy duros, hacen crecer el dolor y no dejan descansar al que se queda aquí. Para mí eran situaciones que no tocaban y que ni siquiera entendía. Manu se encargaba de esas cosas siempre, cada uno tenía su función en casa, y los papeles no eran lo mío. Pero ahora estaba yo ante toda la responsabilidad de una casa y de una hija de dos años. Sabía que era capaz, pero se me hacía una montaña.

Tuve ayuda desde el primer momento y aquello se hizo liviano dentro de lo farragoso y doloroso. Y solo puedo dar gracias a mi suegro, que se encargó de lo más complicado desde el minuto uno. Creo que Manu no podía estar más tranquilo de que todo estuviera en manos de la persona en que él más confiaba, su padre. ¡Qué hubiéramos hecho su nieta y yo sin su ayuda! Me emociona pensar cómo se portó mi familia «política» —que entrecomillo porque yo me siento una más desde hace muchos años ya—. No obstante, aquello era duro, pero con tanto apoyo por ambas familias, la mía y la de mi marido, fue todo un poco más fácil.

Un día fui al Ayuntamiento para un papeleo de la guardería de nuestra hija. Casi había acabado el plazo para pedir una ayuda, que obviamente no había pedido antes porque Manu vivía. Yo estaba superagobiada, pues no sabía si podría llegar a tiempo. Recuerdo entrar en una sala con un montón de funcionarios mirando sus pantallas. A mí el mundo de la Administración siempre me pareció algo hostil y, la verdad, veía complicado que alguien pudiese ayudarme. Una señora levantó la mirada y me preguntó qué quería. Le expliqué un poco lo que necesitaba y me dijo:

—La mujer que se encarga de ello viene en un segundo, espera aquí.

Esperé solo unos minutos hasta que apareció.

—¿Qué necesitas, cariño? —me preguntó con una voz acogedora.

—Mire, me acabo de quedar viuda y necesito que me ayude con esta gestión para la guardería de mi hija de dos años. Sé que no llego a tiempo, pero aquí lo tiene.

Ella cogió los papeles, miró mi nombre y al instante levantó la cabeza.

—Eres la mujer de Manu, ¿verdad?

En ese momento me quedé paralizada. ¿Cómo sabía quién era? No la había visto en mi vida.

—Sí, soy yo.

—Soy la madre de una amiga de tu cuñada, me he enterado de lo que ha pasado, de verdad que lo siento, pero, tranquila, que te voy a ayudar en todo. Dame lo que llevas en la mano y no te preocupes, porque vas a llegar a tiempo.

En ese momento mi mirada se iluminó y se me llenaron los ojos de lágrimas. De la nada apareció una señora en forma de ángel que no sabía ni su nombre y que me reconoció, para ayudarme en algo que casi veía imposible porque no llegaba a los plazos fijados. Me dio su teléfono y me comunicó que si necesitaba algo ella misma me avisaría. No tuve que hacer nada más porque ella se encargó de todo.

Aquello fue uno de los primeros guiños de mi marido, es que lo noté allí conmigo. Era como si me dijese: «Tranquila, que yo me encargo de todo, nunca vas a estar sola». Salí de aquel lugar con una sonrisa. No podía ser casualidad. Era casi un imposible y se dieron todas las circunstancias para que aquello saliera adelante. Mi madre, al ver lo ocurrido, me dijo:

—No te va a dejar nunca, Laura, nunca. Estará contigo siempre.

Me emociono mientras escribo cada línea porque no pudo tener más razón, aunque yo lo sabía. Manu era la persona más luchadora del mundo, que amaba a su familia, y yo sabía que estaba en el cielo sin parar de trabajar para que no nos faltase de nada.

Después de ese guiño vinieron otros más. Un día estaba en casa de mis padres. Era por la mañana, me levanté muy triste. Me puse a rezar el rosario, era de las primeras veces que lo hacía por iniciativa propia, si no la primera vez. Pero me hacía sentir bien. Lo sentía cerca rezándole a la Virgen. Recé un poco, pero no lo terminé en la habitación, quise levantarme e irme al salón a seguir haciéndolo. Me senté en el sofá y no sé cómo, pero debí apretar el mando de alguna manera al sentarme sobre él... que se encendió la televisión. Fue entonces cuando apareció en ese instante una imagen de la Virgen fija en la pantalla. Me quedé flipando. En ese mismo momento en que rezaba aparecía en la tele una imagen de la Virgen, que no sé ni cómo se puso el canal. De repente, toda esa tristeza y desesperación por el dolor tan profundo con el que me había despertado esa mañana empezó a desaparecer y ser sustituido por una gran paz.

Estaba claro, él no podía volver, pero yo en pequeñas cosas del día a día era capaz de reconocerlo. Cada día tenía alguna ayuda, alguna cosa que hacía que mi corazón descansase, que sintiera que no estaba sola a pesar de todo. No he creído nunca en las casualidades, las cosas ocurren simplemente y pienso que todo tiene un fin. Para mí fue un regalo ver en la tele a la Virgen mientras le rezaba, o que apareciera esta señora de la nada con muchas ganas de ayudarme. Empecé a tener algo claro muy pronto: el cielo entero estaba conmigo. Eso me daba una seguridad enorme y una paz que me ayudaba a levantarme para enfrentarme al día que venía.

Nunca pensé que en una situación así podría vivir, que podría soportar un sufrimiento de esas características, nunca pensé que podría levantarme de la cama, sonreír, seguir adelante, en definitiva, vivir sin Manu a mi lado. La realidad era que tenía treinta y dos años recién cumplidos y mientras mis amigas empezaban a casarse —justo un mes antes se casaron dos de mis mejores amigas—, yo me encontraba enterrando a un marido y cerrando con un montón de trámites una etapa maravillosa de mi pasado. *C'est la vie.*

SEGUIR «CHAPANDO» BODAS

Y hablando de bodas, mis cuñados, que se casaban justo una semana después de la muerte de mi marido, decidieron continuar con la boda a pesar de todo. Y no pudieron tomar mejor decisión. Vivíamos en *shock* todos, pero la preparación los días previos nos ayudó mucho a dejar nuestro dolor y nuestro yo roto para acompañar a Gema y a mi cuñado Fer en un día tan importante para ellos. Profundizar en los preparativos nos hizo tener la cabeza ocupada y pensar muy poco.

Antes de salir de casa para ir a la iglesia y una vez arreglada con un traje de camisa blanca cruzada y pantalón de pata de elefante verde agua, que había elegido con tanta ilusión, me miré al espejo. De mi mano iba mi hija, que hacía de damita, tan mona, con su vestido color blanco roto adornado con un fajín que acababa en una lazada del mismo color de mi pantalón y peinada con una corona de paniculata que no había manera de que estuviera recta, pues no paraba de tocársela. No puedo negar que aquello era una estampa durísima. Habían pasado ocho días desde que Manu ya no estaba, no acababa de creerlo, a veces incluso de forma innata cogía el teléfono para llamarle cuando necesitaba algo, me pasaba el día pensando en él. Lo echaba tanto de menos... Pero algo me daba consuelo y una paz enorme, porque no perdí la calma a pesar de todo, y era saber que estaba en el mejor de los lugares. Me lo imaginaba en el cielo sonriendo, y, aunque no podía tocarlo, lo sentía cerca, como a mi lado... Me sentía segura, sabía que no nos dejaba así tal cual. Me parecía verlo en todos lados, incluso allí frente al espejo... a nuestro lado.

A diario le escribía una carta contando nuestro día y siempre pasaba algo, también me dio por escribir poemas, mi corazón vibraba tanto que necesitaba soltar de algún modo todo lo que llevaba dentro. Lo tenía muy presente, casi más que cuando estaba en esta tierra. Aun así, era tan fuerte lo que me había ocurrido… Pero no tenía otra, debía continuar, y en esta ocasión era la primera que iba sola a una boda, pues siempre antes había ido con él, y a ello se sumaba que no era una boda cualquiera, sino la de su hermana. Aquello era dantesco, pero era lo que había, y yo debía ser fuerte, pensaba en Manu y en que le hubiera gustado verme feliz.

Siempre me han encantado las bodas, y si algo me ha gustado y me sigue gustando, es «chaparlas», como yo digo, es decir, me gusta cerrarlas, quedarme hasta el final. Manu se cansaba antes y me pedía que nos fuéramos, pero yo le insistía, sobre todo en las de mis amigas. Él finalmente y tras convencerlo aceptaba quedarse. He de decir que alguna que otra pequeña discusión hubo por ello en las que no quiso quedarse hasta el final. En especial recuerdo la de mi amiga María, la última a la que fuimos juntos, justo un mes antes de irse al cielo. Mientras nos arreglábamos en el baño le aseguré:

—Una cosa te digo, Manu, esta boda es la de mi mejor amiga, y como tal, no podemos enfadarnos. Así que, por favor, te pido que me dejes quedarme hasta el final.

—Te prometo, Lauri, que esta vez no me quejo —contestó con una sonrisa pilla.

—Vale, vale… —le respondí entre risas—. Manu, y otra cosa más: cuando veas a María y a su marido salir del recinto del convite, mira detrás de ellos, allí estaré yo, y es entonces cuando saldré. Quiero estar hasta el final final.

Manu se echó a reír y no me extraña, pero quise exagerarlo para que entendiera que de allí no me movía hasta que apagaran todas las luces. Así fue la última boda a la que asistimos. La chapamos pero bien chapada. Manu estuvo toda la fiesta superanimado y yo no dejé de saltar y bailar cada temazo con mis amigas y con él. Mi madre, que también estaba, me contó tiempo después que Manu se acercó y le dijo mientras saltaba con una de las canciones:

—Mírala, qué feliz la tienes, está pletórica bailando con sus amigas. Eso es lo que le gusta a ella. Así es nuestra Lauri, una gran bailonga. Hoy quiero verla disfrutar hasta el final.

Así que la boda de mi cuñada no iba a ser menos. De nuevo pensé: «¿De qué me sirve ir amargada? Yo quiero disfrutarla, no quiero recordarlo como algo doloroso, no quiero sufrir, no puedo sufrir más, esto solo va a ocurrir una vez». Me armé de valor y allí estuve con la mejor de mis sonrisas, no mentiré, intercalada con alguna lágrima, sobre todo en la ceremonia religiosa. Pero no fui solo yo, sacamos nuestras sonrisas toda la familia y amigos y, por supuesto, los novios también, aunque estaban igual de rotos por el dolor. Salió todo a la perfección, el tiempo inmejorable, la comida exquisita, el lugar maravilloso…

La noche del 26 de mayo se respiraba amor por todos los rincones de aquella finca tan bonita y tan bien decorada. No faltó detalle, todas las mesas estaban llenas de flores, todo cuidado con un tono campestre, luces de verbena las iluminaban. Justo detrás de estas había un umbráculo que habían preparado para que el baile se celebrase ahí. ¿Y quién presidía el lugar? Pues una antigua Virgen de Lourdes de piedra que yo miraba a cada rato. Me gustaba verla, me hacía sentir que no estaba sola y que mi marido, aunque desde el cielo, estaba también con todos nosotros. De alguna manera tenerla allí fue otro guiño para mí.

Después de la cena pasamos a aquel lugar, los novios bailaron su vals y luego unas amigas de mi cuñada Gema le montaron un tablao flamenco, por aquello de la sangre andaluza. Venía mucha familia de Sevilla. Hubo un momento en el que empezaron a cantar *A mi manera*. Nada más escucharla mi corazón comenzó a palpitar, pues Manu y yo elegimos ese tema para dar el ramo a Gema en mi boda.

Al empezar la canción vi a Gema coger el micrófono, acto seguido y a modo de impulso me fui con ella. Con un micrófono cada una nos pusimos a cantarla. Los cantantes contratados se callaron para que se nos pudiera escuchar, y cantamos, claro que cantamos, como siempre hacíamos... muy a nuestra manera. La ocasión lo merecía. Aquello lo recuerdo como un instante precioso y lleno de cariño. Al terminar, con los ojos llenos de brillo por la emoción del momento, miré al cielo y le dije:

—Manu, esta va por ti.

Los invitados coreaban y gritaban. Acto seguido nos cogieron y nos subieron a hombros, a los novios y a mí. Yo sabía que Manu estaba allí con nosotros, en el hombro de cualquier otro invitado, mis cuñados recién casados y yo nos cogimos de la mano formando un círculo cerrado. Es verdad, faltaba él físicamente, pero lo sentimos presente a cada segundo. Había un aura de amor, paz y alegría especial en aquella fiesta. Es de las bodas más bonitas a las que he asistido nunca.

También quisimos darlo todo, todos, y yo una vez más lo hice, en su honor, porque así le hubiera gustado a él. Chapé la boda, claro que sí, y hasta que no sonó la última canción, el himno de mi ciudad, Valencia, de allí no me fui. Esta vez no salí después de los novios, pero casi.

Esa fue la primera semana después de la muerte de Manu. Era todo muy surrealista, tan pronto llorábamos como reíamos. Vivíamos en una especie de irrealidad muy real. Intentaba ocupar cada minuto del día para no pensar mucho… Eso sí, me repetía sin cesar en mi corazón: «Me fío de ti, Señor. Me fío de ti». Sabía que algo tan macabro no podía ser en balde, porque la vida entendía que tenía un sentido. La gente me decía:

—Qué injusta es la vida, Laura.

Y yo me negaba a hablar de injusticias. Nunca y hasta el día de hoy he querido verlo así. No es un tema de justicia, es que estas cosas pasan, y nos puede pasar a cualquiera. Esta vez me ocurrió a mí. La pregunta que me hacía no era ¿por qué a mí?, sino ¿y por qué a mí no? ¿Acaso era yo más digna que otro para no merecerlo? Las cosas suceden y a veces no hay que buscar porqués, puede llegar a ser tormentoso estar buscando razones, qué hice, qué no hice, qué pude evitar, qué no pude... Daba igual, aquello de entrar en bucle no daría buen resultado. Aunque me hubieran explicado con todo detalle argumentos muy convincentes por los que se había muerto mi marido, no me hubiesen servido de nada... porque mi marido no iba a volver ni nadie me lo iba a devolver. Así que desde los primeros días, y fiándome de que aquello no era ningún error, intenté buscar «el para qué». No obstante, sabía que era un trabajo arduo, me costaba aceptar lo que había ocurrido, a veces pensaba que era un sueño, que no era real, pensaba que al día siguiente me levantaría y todo habría terminado.

Hoy he soñado contigo.
Estabas a mi lado pero escondido.
Recuerdo que no podías hablarme,
Aunque no dejabas de mirarme.
Soñaba con abrazarte,

Con besarte hasta desgastarme,
Con sentir el calor de tu abrazo,
Con pensar que estabas vivo a mi lado.
De pronto me he despertado,
Solo un sueño había soñado.
Por un momento pensé que era cierto,
Que estabas tan vivo, que no habías muerto.
Fue una muestra del amor que te tengo,
Un pequeño suspiro que duró un momento.
¡Ay el día que te vuelva a ver!
Lloro de imaginar… ¡cómo te voy a querer!

15

«ESTE ES MI REGALO, QUE LO SEPAS»

El fin de semana después de la boda de mi cuñada me esperaba el retiro de Emaús que Manu me había regalado en vida unas semanas antes. Yo, a pesar de que estaba con un dolor indescriptible, no podía dejar de ir. Sabía que a mi marido allí le había ocurrido algo. Nunca pudo contármelo, quedó en explicármelo a la vuelta de cuando yo lo hiciera. Y no podía dejar escapar la oportunidad de entender bien aquello de que «el día más bonito de mi vida fue esa noche de sábado en el retiro de Emaús».

Es verdad que en mi corazón se había despertado una gran luz aquella misma noche con mi marido fallecido a mi lado, pero necesitaba tener la experiencia que él había tenido para completar el círculo de lo ocurrido.

Habían pasado quince días desde su muerte. Yo notaba a Manu en cada lugar y en cada pequeña cosa, y tenía una paz indescriptible. Pese a la dureza de levantarme todas las mañanas sin él y enfrentarme al día con todo lo que conllevaba, me había abandonado en los planes del cielo, me fiaba de lo que estaba ocurriendo en mi vida. Mi mirada era nueva, a pesar de lo que estaba aconteciendo, pero sentía un impulso interior, un acompañamiento y una fuerza que no venían de mí. Tenía ganas de seguir con mi vida, empezaba a entender muchas cosas que antes no hubiera entendido. Veía con los ojos del corazón, encontraba señales casi donde no las había y de repente sentía que todas las piezas del *puzzle* iban encajando. Pensaba en mi vida con Manu, todo lo que habíamos vivido, me daba la impresión de que parecía estar todo orquestado para llegar al punto en el que yo me encontraba. Cómo se despidió sin saberlo, cómo dejó las cosas de la tierra atadas…. Me impactaba verlo todo dentro de un orden lógico. Me sentía fuertemente amada, notaba a mi marido a mi lado a cada instante. Pero me faltaba algo, saber exactamente cómo había ocurrido ese cambio en el corazón y en la vida de mi marido. ¿Qué sucedía en ese retiro para que él dijese algo tan fuerte?

Una vez más me armé de valor. Aquellos días, a pesar del amor en mi corazón, eran de pura supervivencia. Intentaba emplear el tiempo para pensar lo menos posible, me vino muy bien el segundo fin de semana tras su muerte tener otra cosa importante que hacer. Primero la boda y luego el retiro. Llegaba el momento de hacerme la maleta, era todo muy fuerte, no sabía ni dónde iba ni qué ocurriría allí. Cogí un par de vaqueros, dos sudaderas y poco más. No tuve ganas de pintarme, aquel día me fui tal cual, con la cara lavada y un rostro que dejaba ver el sufrimiento de los últimos días. Mi cuñada Gema y mi amiga María venían a hacerlo conmigo y a acompañarme para que yo no estuviera sola.

Me planté a las seis de la tarde de un viernes en la casa de retiros espirituales de Torrente donde Manu había estado cinco meses antes. Solo pedí una cosa: dormir en la misma cama que mi marido. Era mi deseo, pues poder dormir en un lugar donde él había sido tan feliz me daba paz. Mi corazón buscaba razones continuas para no dejarlo ir... Lo necesitaba conmigo.

Una vez entre allí y dejé la maleta, quise desconectar. Puse modo *off* a todo para adentrarme en lo profundo de mi corazón y dar sentido a lo que estaba ocurriendo en mi vida. Era una mezcla de un dolor insoportable con un amor desmesurado. ¿Cómo se explica eso? No sabía qué me ocurría exactamente, la gente alucinaba y no era para menos. Yo misma no me reconocía. Aquello que estaba viviendo era algo nuevo, un estado del corazón jamás antes conocido ni experimentado.

En esa carta que le escribí y leí el día del entierro manifesté mi deseo de encontrarme con él y con Cristo. La gente me decía que cómo tenía fuerzas de ir, yo respondía con firmeza:

—Tengo que saber qué ocurrió y creo que aquí encontraré la respuesta de todo.

Como Manu no me había contado nada, él decía que lo que allí ocurría era confidencial, no tenía ni idea de en dónde me metía, pero me sentí desde el primer momento en casa y algo tenía claro: si mi marido al que amaba lo había hecho y le había cambiado la vida, aquello malo no podía ser.

Ahora sí lo entiendo todo

Fueron pasando las horas y veía que estaba agotada. Me costaba a veces hasta tener los ojos abiertos, pero hice un esfuerzo inhumano por no perderme un detalle, buscaba sin cesar una respuesta, algo que me hablase de lo ocurrido aquel sábado de enero. Si en quince días habían ocurrido cosas tan grandes en mitad de una desgracia tan fuerte, sabía que ese fin de semana no se quedaría corto; todo, aunque lento, iba adquiriendo sentido.

Llegó el famoso sábado por la noche. Literal, no me tenía en pie. Jamás he sentido un cansancio físico como el que allí experimenté. Era mucho esfuerzo el que hacía por aguantar cada hora, pues el dolor se apoderaba de mí a cada segundo. Yo veía que ocurrían cosas, pero que el encuentro que esperaba de mi marido no llegaba. He de reconocer que por un instante y fruto del cansancio llegué a creer que no lo encontraría allí, pero Manu no me había fallado nunca. Así que sin esperarlo y ya casi dando por perdido el sábado sin su aparente presencia, escuché algo, la reconocí al instante. Era esa, la canción que Manu ponía a mi hija para dormir, la canción sacada del manto de la Virgen de Guadalupe. Esa canción era lo único que sabía de su retiro. En el momento que la escuché me encontraba hablando con una persona precisamente de la importancia de rezar el rosario. Nadie sabía lo que significaba para mí esta canción ni el motivo de nuestra conversación, ni siquiera yo sabía de dónde salía, simplemente alguien la puso... y aquella canción sonó. Paré todo lo que estaba haciendo, dejé de hablar y le dije:

—¿Estás escuchando esto como yo?

Me contestó que sí. Era real. Sonaba en mitad de la noche, supe que sonaba para mí. Lo que antes me daba un poco de miedo tomó un tono muy especial, pues de algún modo sentí de una manera muy certera que mi marido estaba conmigo en ese retiro.

A partir de ahí no hizo falta ya nada más. Ni una explicación con pelos y señales por su parte en esta tierra me hubiera hecho entender mejor lo que en ese instante, al escuchar aquella canción, entendí.

Supe al escucharla el porqué de su mejor día en la tierra. Manu aquel sábado tuvo un encuentro real con Dios. Cómo y en qué momento exacto no lo sé, ni tampoco necesité saberlo. Supe exactamente lo que pasó y aquello era más que suficiente. Comprendí que le abrió su corazón para siempre y vino a transformarlo en amor. Lo vio con los ojos del corazón…, igual que lo pude ver yo aquella noche en la que se fue de esta tierra. Otra pieza más encajaba. Y no podía concordar más con su forma de ser. Jamás me hubiera dejado sola, abandonada, sin una explicación… Él me amaba y me quería con él para siempre en el cielo del que yo ya estaba segura que disfrutaba. No permitiría que yo no pudiese conocer al Dios Amor con el que él se encontraba. Y, además, conocerlo era estar con él, con Manu, por eso durante esos quince días tras su partida al cielo jamás lo sentí muerto, sino más vivo que nunca en mi corazón, y aunque no lo podía tocar, diré que esto era muy doloroso, lo tenía conmigo. Manu se fue para quedarse para siempre en mi corazón. Sabía, con más certeza que nunca, que ya no estaría más sola, pues primero Dios y luego Manu habitarían por siempre en mí, y el camino fuese el que fuese sería acompañada y, por tanto, el de nuestra hija también. Esa noche tras lo ocurrido pude dormir con una paz inmensa en la misma cama donde Manu, tras ese encuentro con Dios, cinco meses antes, lo hizo también.

Acabó aquel fin de semana. Cuando entré en aquella iglesia, con el polo blanco y la rosa en la mano, cantando «caminamos a la luz de Dios», exactamente igual que lo hizo mi marido unos meses antes, entendí que emprendía un camino nuevo, que hacía poco acababa de descubrir, pero sabía que era el correcto, pues en él encontraba paz y sosiego, tenía consuelo… Sabía que sería un camino duro, pedregoso, con muchos baches, pero era un camino de luz, el de la luz de Dios. Y con Dios yo me encontraba en casa, sabía que no habría oscuridad nunca en mi vida mientras mi corazón vibrase con su amor, porque era tan grande el Dios al que había conocido que ni la mayor de las desgracias podía apagar esa llama que empezaba a arder con tanta fuerza en mi corazón y que me abrasaba. Esa llama hizo que mi cara al salir del retiro fuera otra, mucho más relajada, confiada y decidida a seguir adelante. Además, sentía la necesidad de transmitirlo. Así que cuando vi en la iglesia a toda mi familia me abracé a ellos y les dije que había sido muy feliz. Cogí a Rocío en brazos, me emocioné al verla. Iba con un vestido de florecitas en tonos rojos y dos coletitas, apenas sabía hablar. Ella al verme dijo «papá» y señaló hacia una cruz grande que había en el altar. Y fue entonces cuando supe con total certeza, aunque ya atisbaba algo desde que Manu se fue al cielo, que todo ese amor que me había sido regalado no era para mí sola, sino para ella y todo aquel que llegase a mi vida. «Yo hago nuevas todas las cosas» (Apocalipsis 21, 5).

Mis padres lo primero que me preguntaron al verme es qué había ocurrido y qué habíamos hecho esos dos días, pero no tuve más remedio que contestarles lo que un día a mí me había dicho mi marido:

—El retiro de Emaús es un regalo, y como tal no os lo puedo dar abierto porque perdería toda la gracia. Solo puedo recomendaros encarecidamente que lo hagáis.

—Suena muy bonito, Laura, ¿pero no nos puedes contar algo más? —preguntó mi padre.

—Papá, solo te puedo decir que Emaús es una fiesta del amor en toda regla, y que durante este fin de semana he podido reafirmar y fortalecer el sentido de mi vida. No te lo puedes perder.

Mi madre, al escuchar lo que decía, manifestó que ella quería hacerlo algún día.

—Mami, te va a encantar. Además, me he dado cuenta de que lo puede hacer cualquiera. En este retiro había hasta una religiosa e incluso gente que no creía en nada. Me ha encantado ver cómo todas, con nuestras circunstancias y mochilas, hemos disfrutado del amor que aquí se vive. Ha sido el mayor regalo que Manu me ha podido hacer nunca. Él me lo dijo, que era su regalo. Creo que ni él mismo sabía lo que me estaba regalando. Es increíble pero cierto.

—Estamos felices de ver tu cara, Laura —dijo mi madre.

—Ojalá podáis hacerlo y podamos así comentarlo todo a la vuelta.

Si Tú me guías, yo me fío.
Si Tú me amas, yo te sigo.
Si Tú me abrazas, ya no hay frío.
Si Tú me alcanzas, solo río.
Si yo te amo, sigo vivo.
Si yo te espero, siento abrigo.
Si yo te sueño, estoy contigo.
Si yo te temo, soy testigo.
Así, Jesús, ahora te digo,
Que pase lo que pase:
¡¡Jesús, en ti confío!!

16

LA VIUDEDAD ES UN ESTADO CIVIL, NO UN ESTADO DE ÁNIMO

Después de aquellas dos semanas tan intensas, de grandes cambios en mi corazón, tuve que coger el toro por los cuernos, eso sí, siempre con los pies en la tierra, pero la mirada en ese precioso cielo que acababa de descubrir. Me enfrentaba a un futuro sin el amor de mi vida, con una niña pequeña que debería educar yo sola y mil trámites, todo ello bajo mi responsabilidad.

Ante tanta novedad quise dejarme ayudar y acudí a un psicólogo especialista en duelos que me recomendaron. Necesitaba que alguien me diese herramientas para poder encauzar mi nueva vida.

—¿Hasta cuándo va a durar este nudo tan horroroso en el estómago? ¿Cuánto tiempo necesito para empezar a poder soportarlo? —le pregunté al psicólogo.

—Esto es algo muy personal y cada uno lo vive de una manera —dijo él muy sabiamente—, pero para un proceso normal puede estar entre dieciocho y veinticuatro meses.

Yo me hundía cada vez que escuchaba eso, porque tuve la necesidad de preguntarlo varias veces. ¿Dos años para empezar a ver la luz? Realmente me parecía una eternidad, pero era bueno saber la realidad a la cual me enfrentaba.

Los días pasaban lentos y, aunque siempre traté de estar muy ocupada, me parecía mucho tiempo. Cada día intentaba verlo como uno menos que tendría ese nudo horrible en el estómago. Él me explicaba que era importante que pasaran, al menos, dos aniversarios, dos cumpleaños, dos Navidades… para empezar a interiorizar y aprender a vivir la situación. He de decir a toro pasado que en mi caso acertó de pleno, pues es verdad que a partir del segundo año comencé a disfrutar de las cosas de verdad. Y llega un momento que esa tercera Navidad o ese tercer cumpleaños duelen… porque siempre duelen, pero de otra manera.

El psicólogo me ayudó mucho y, sumado a la ayuda que tuve desde el minuto uno con mi familia, mis amigas y por supuesto de Dios, me puse manos a la obra. Ser feliz ahora dependía de mí. Desde el principio me planteé que no quería vivir amargada, aunque razones tenía de sobra. No ha ido conmigo la autocompasión, quería que mi vida siguiera en la medida de lo posible como antes y que mi alrededor no cambiase. No quise cambiar de amigos, si quedaban un grupo de matrimonios, yo seguía yendo; si los amigos de Manu me invitaban a algo decía que sí, a mis amigas les pedí que siguiesen hablando de hijos, novios y maridos como hasta entonces. Consideraba que debía tratar la situación con total normalidad. Yo por mi parte hablaba de lo que había ocurrido sin pelos en la lengua, desde el minuto uno no me quedé nada para mí, me ayudaba hablar de ello sin tapujos. Creo que esto es muy personal, pero para mí fue muy liberador.

Estaba acostumbrada a planificar y, aunque mi cerebro cambió el planificar por vivir el momento, aún quedaban viejas costumbres en mi cabecita; eso sí, seguía siendo muy práctica. Así que cada vez que pensaba en mi futuro lo proyectaba de esta manera: me dije a mí misma «tienes treinta y dos años, la esperanza de vida de una mujer en España es de aproximadamente unos ochenta y cinco; pensando que todo fuera bien, podría morir por estadística a los ochenta y algo...». Me imaginé entonces unos cincuenta años, amargada y enfadada con la vida por lo injusta que había sido conmigo, y vi un futuro muy negro. En cambio, proyecté una vida con dolor pero con alegría, con ganas de vivir, con mis *hobbies,* rodeada de la gente que quería, y con la mayor ayuda que podía tener, todo un precioso cielo..., y lo tuve claro: los cincuenta posibles años que me quedaran los viviría al cien por cien.

Así que cada mañana al levantarme hacía grandes esfuerzos por enfocar con alegría la situación; no siempre era posible, sobre todo al principio, la ausencia pesaba mucho, pero entonces lloraba un rato, descargaba y a seguir. Entendí que era un tema de actitud. Si quería ser feliz, debía abrazar mi realidad. Cuando vi que aceptando —muy poco a poco, eso sí— lo que me había pasado era más feliz, no quise desviarme de ese camino. Yo sabía que no iba a ser fácil, pero más complicado aún era vivir lamentando lo ocurrido y en una pena continua.

Que la vida es muy heavy
No es un secreto.
Es una verdad oculta
Que aparece sin saberlo.
No esperabas que te fuera a tocar,
Miraste de reojo si lo viste pasar.
Pero ahora lo tienes delante,
No huyas, hoy debes quedarte.
Que sí, que no tienes otra,
Que enfrentarte a la vida
Es lección y no derrota.

NO QUIERO DEJAR DE REÍR

Si me preguntaran qué es lo que más me gusta hacer, respondería sin titubear que reír. Soy una persona que se ríe de todo, pero principalmente de mí misma… ¿Cómo iba yo a no reír más? Me muero si no me río. Eso sí que me podría provocar una depresión. Soy la típica que cuando me apetece reírme o animarme me pongo monólogos o vídeos de humor. Manu siempre decía que no entendía cómo me ponía esos monólogos, que a él no le hacían gracia, pero yo me parto de risa. Me alegran el día, y es una buena costumbre que sigo teniendo hoy.

Recuerdo una noche estando en Denia, tras una cena con amigos de mi cuñada, que a Gema y a mí nos entró la risa de la situación que estábamos viviendo. Era tan surrealista que en vez de llorar nos dio por reír. Estuvimos como diez minutos a carcajada limpia, llorando de la risa, literal, con lágrima incluida. Sus amigos nos miraban con cara de póker, no sabían dónde meterse porque en realidad yo tengo una risa contagiosa a la cual es difícil no sucumbir, pero claro, por respeto se aguantaban.

—No pasa nada, podéis reíros —les decíamos—. Esto, o te lo tomas a risa, o te mueres de pena.

Acabaron uniéndose y todos a carcajadas dimos gracias por esos momentos. La vida es para reírse.

Y mientras escribo, me viene a la cabeza ahora una anécdota que cada vez que lo pienso o lo hablo con mis amigas nos echamos unas risas, porque la verdad es que no pude ser más poco adecuada. Dicen que en ocasiones la vida te la devuelve, y este podría ser el caso; sin embargo, siempre que me acuerdo me lo tomo con humor, porque de nada serviría amargarme una vez más. Puede parecer un poco *heavy,* pero lo que cuento es real como la vida misma.

Dos años antes de morir Manu, una amiga mía celebraba una fiesta de cumpleaños en su casa. Nos pidió que nos disfrazáramos, y la temática era «personajes de pueblo». Cada una eligió un personaje: una amiga se disfrazó de señorona con rulos, otra de granjera, otra de abuela... y aquí a servidora no se le ocurrió otra cosa que disfrazarse de la viuda del pueblo. Sí, sí..., ¡¡de viuda!! Cuando me viene a la mente me río de mí porque no pude ser más inoportuna y tener peor gusto al elegirlo, pero la vida es así. Para la ocasión elegí una falda negra y una camisa negra, me puse una mantilla negra por la cabeza, un rosario en la mano y una foto que imprimí de un señor de los años cincuenta en blanco y negro, a modo de marido difunto. Al llegar a la casa de mi amiga entré con un clínex en una mano haciendo como que me secaba las lágrimas y en la otra el rosario con la foto del fallecido. Era una especie de «vieja el visillo» que no paraba de decir:

—Mi Manolo, se ha ido... Ayyyy, mi Manolo...

Lo fuerte de todo es que Manu estaba allí conmigo, él iba vestido de leñador y se reía con mis amigas también. Desde luego, la realidad supera la ficción. Quién nos diría que poco tiempo después aquella estampa burlesca, y hasta podría decir que con un poco de mal gusto, se convertiría en realidad en nuestras vidas. Pero es lo que ocurrió y prefiero reírme de mí misma porque es más sano.

De ese disfraz, en cuanto al vestuario se refiere, poco hubo en mi luto, que decidí llevarlo por dentro. Vestir de negro me parece muy elegante y me encanta; de hecho, suelo ir muchas veces de este color, pero también me gustan mucho los colores vivos, sobre todo en verano. Esta vez me negué a ir de negro y solo lo llevé en el entierro. Como íbamos de cara al verano, decidí vestirme cuanto más colorida mejor, y esto me hacía sentirme realmente bien. Los colores transmiten alegría y vida, y yo en esos meses necesitaba transmitir precisamente eso. Porque es verdad, estaba sufriendo mucho, muchísimo, pero no me consideraba con un ánimo triste, sino todo lo contrario, quería esforzarme por seguir y con la mayor alegría posible. Tenía treinta y dos años y una vida entera por delante.

Creo que todavía hoy, en el siglo XXI, la palabra «viuda» en ocasiones puede estar estigmatizada y se puede asociar a mujer triste o débil. Aunque esto ha ido cambiando muchísimo. Recuerdo ir por la calle o estando con amigos y, cuando me veían reír, alguna persona se sorprendía de esta actitud positiva. ¿Acaso por tener un marido en el cielo ya no podía reír o disfrutar de las cosas? Y en realidad los entiendo, pues quizás yo hubiera pensado lo mismo. Es puro desconocimiento, porque no es natural perder a un marido o una mujer en la flor de la vida, pero el hecho de ser viuda no implica que debas tener el semblante triste o ser una amargada. Todo lo contrario. Es simplemente un estado civil, no un estado de ánimo.

Un espejo donde mirarme

Cuando tienes una situación tan dura, hay que ver el lado bueno de las cosas. Darle la vuelta, porque ese lado positivo siempre existe. No obstante, y a pesar de todo el empeño que ponía, a veces se hacía insoportable, esta es la realidad. Te enfrentas a una vida nueva que no conoces, todo tu alrededor sigue igual, pero tú no. Es complicado que las personas que te rodean puedan entenderte. Solo te entiende el que lo ha pasado. No hay, gracias a Dios, muchas viudas o viudos de mi edad porque no es lo normal. Pero yo en este sentido, una vez más, tuve un capote, seguro que por parte de Manu. Otra vez se confirmaba que no andaba sola y que tenía la ayuda necesaria para continuar el camino.

Un día, justo un mes después de fallecer, recibí un mensaje de WhatsApp en mi móvil. Una compañera de trabajo de Manu a la que yo no conocía se ofrecía a pasarme el teléfono de la viuda de un primo suyo, Micaela, a la que en circunstancias muy parecidas un año antes le había ocurrido lo mismo.

Casualidades o no de la vida, Micaela tenía un año

menos que yo, un hijo que se llevaba ocho días con mi hija y un marido en el cielo fallecido de repente una noche de mayo del año anterior. Vamos, no podía ser todo más igual.

Cuando yo recibí ese mensaje se me abrió el cielo: una viuda joven y con una experiencia yo diría que idéntica a la mía, no dudé en decirle que, por favor, me escribiese. Hasta ese día no conocía a ninguna viuda. Luego me confesó que cuando le ocurrió a ella, tuvo que tirar de testimonios de YouTube y de libros para poder leer sobre personas que se habían quedado viudas tan jóvenes. Para ella fue muy importante el testimonio de Marta Oriol, que también enviudó muy joven y con una historia muy conmovedora. Fue lo primero que me recomendó que viera.

Cuando estuve preparada pude verlo. Lo que lloré con esa historia no está escrito, pero es que yo me veía tan reflejada en Marta… ¿Cómo es posible que personas que no se conocen vivan cosas tan personales del mismo modo? Me hacía plantearme que lo que me estaba ocurriendo realmente no era mío, sino que era algo del cielo, porque por su boca salían frases idénticas a las mías. Pero hubo una en especial que se me quedó grabada y que luego, cuando tuve el privilegio de conocerla en persona, me repitió:

—Laura, Dios da el ciento por uno, primero en esta vida y luego en la vida eterna.

De nuevo, más cosas hiladas, pues esa frase me la repetía Manu de forma muy frecuente, era muy generoso y de alguna manera para justificar todo lo que hacía me decía con estas mismas palabras:

—Lauri, Dios da siempre el ciento por uno.

Una vez más sentía a Manu hablando a través de ella.

La historia de Marta, mi amistad con Micaela… fueron muy importantes en mi proceso, pues conocer a personas que habían pasado por lo mismo y en circunstancias muy similares me ayudó muchísimo. Cuando enviudas, uno vive cosas muy duras, cosas que nadie puede entender si no lo ha vivido, y poderles abrir mi corazón y comprobar que lo que me ocurría era todo normal me dio mucha tranquilidad. En Micaela, concretamente, veía que sobrevivía al dolor, que sonreía, que seguía quedando con amigos, que cuidaba de su hijo y que, al fin y al cabo, era feliz dentro de todo. Verla me daba mucha esperanza. Quedábamos de vez en cuando, nos llamábamos e incluso hicimos algún viaje juntas. Era un espejo donde mirarme, una viuda como la que yo quería ser, y siempre que me miraba en ella, veía esperanza y mucha luz. Daré gracias al cielo por ella, por Marta y por cada ayuda que sin buscarla llegaba en el momento adecuado.

Contaré una anécdota que me ocurrió con relación a una cena con Micaela. Quedamos una noche y, mientras cenábamos, yo le contaba que tenía muchas dudas de qué hacer en el puente de la Inmaculada de ese mismo 2018. Había sido invitada a una boda a la que me apetecía ir, pero también dudaba porque me daba pena ir sin Manu, y, además, coincidía con la peregrinación de tres días a Lourdes en la que justo un año antes mi cuñada había apuntado a Manu al retiro de Emaús. De algún modo y por todo lo que estaba ocurriendo quería ir a Lourdes para poder agradecer la paz que tenía a pesar de todo y lo que había ocurrido en Emaús, pues siempre pensé que fue la Virgen la que intercedió para que Manu fuera a aquel retiro. Sabía que a Lourdes podría volver algún día y que la boda solo era una vez en la vida, y como ya he comentado, me gustan mucho las bodas.

Recuerdo mientras se lo contaba y un poco en plan broma, mirando al techo del restaurante, dije en voz un poco más alta:

—¡¡Señor, dame una señal que me diga qué hacer!!

Al terminar la cena nos despedimos y quedamos en vernos al día siguiente a media mañana. Al levantarme tenía un mensaje en mi móvil diciendo que por cambio de planes no podía acudir. Así que decidí ir a misa ese domingo, pero dejé a Rocío con mi madre porque necesitaba un poco de tranquilidad. En aquel momento tenía dos años y siempre solía quedarme en la zona de la puerta, porque como es lógico no se quedaba quieta.

Pude llegar a tiempo y me senté tranquilamente en un banco en mitad de la iglesia. La misa transcurría normal cuando de repente en el banco en el que yo estaba aparecieron cuatro niños con una cosa en la mano. Cuando me fijé, era una estampa de la Virgen de Lourdes, y como no paraban de moverse, pude ver lo que ponía en el reverso en letra roja grande: «Peregrinación de tres días a Lourdes». En ese instante se me puso una sonrisa de medio lado. ¡No me lo podía creer! Si eso no era una señal…, se habían dado todas las circunstancias para que yo acabara en ese banco, esa misma mañana. Por eso lo tuve claro, la Virgen me esperaba allí. Nada más terminar cogí mi teléfono y confirmé mi asistencia.

Los tres días en Lourdes fueron una pasada, un encuentro muy especial, pues yo iba rota pero llena de esperanza. No ocurrió nada extraordinario, simplemente fui feliz, pude dar gracias y pedir mucha fuerza para enfocar todo lo que me tocaba vivir. Nunca había estado, y allí encontré una paz enorme. Me gustó tanto que prometí volver pronto. Y lo pude cumplir… Al año siguiente repetí, pero esta vez, sin dudarlo. De nuevo el cielo estaba conmigo.

LA MATERNIDAD SOLA

Ser viuda y tener hijos es un plus, nadie te prepara para esto. Es duro, muy duro, tener que educar a una hija sola. Yo siempre digo que no puedo delegar autoridad, aunque tengo ayuda infinita, pero al final la última palabra es la mía. Nunca pensé ni imaginé una maternidad como la que ahora tengo. Dura y maravillosa a la vez. No todo ha sido malo. Pues la relación que mi hija y yo tenemos es única y especial. Somos un *pack,* un tándem. Somos, al fin y al cabo, una.

Quise normalizar, como en el resto de esferas en mi vida, la pérdida de Manu e intenté que no me viera triste. Lloraba a sus espaldas o cuando dormía. Me prometí algo, ella no tenía la culpa de que yo estuviera pasando por el peor momento de mi vida. Quería que fuese lo más feliz posible y que la ausencia le fuese ligera. No quería transmitirle el dolor que sentía, era una niña de dos años a la que solo le apetecía jugar, así que intenté, en la medida de lo posible y seguro que con algún error, normalizarlo todo por completo. Le contaba que tenía un papá en el cielo que siempre estaba con ella, veinticuatro horas, a cada momento. Porque realmente así lo creía y creo. Mirábamos al cielo juntas y señalábamos dónde podría estar su papá. Le hablaba mucho de él para poder retener en ella algún recuerdo.

Nuestra hija pregunta a dónde partiste,
Yo le respondo que con Jesús te fuiste.
Ella sonríe al cielo inocente,
Me enamora su mirada de niña valiente.
Le espera una vida llena de amor,

En el cielo papá la cuida con tesón.
Yo le digo que es lo primero de mi vida.
Ella me dice que pasemos juntas sus días.
Yo la abrazo y la lleno de besos,
Ella me responde: «Mamá, te quiero».

Que mi hija no tuviera aquí a su padre creo que ha sido de lo más doloroso que he experimentado con la muerte de Manu. Que una niña tan indefensa se quedara sin el padre tan maravilloso que tenía ha sido de lo más duro con lo que he tenido y tengo que lidiar. Pero, aun así, lejos de hacerla sentir desgraciada por no tenerlo, he querido que se sintiese una afortunada por tener un papá en el cielo que la cuida siempre, porque realmente es lo que pienso.

Si llegar al cielo es la verdadera meta, ella ya tiene un padre que la ha alcanzado, y vivirlo con esta visión sobrenatural, pienso que es algo maravilloso y nos ha ayudado mucho. No quita que sea duro y difícil de asimilarlo, pero con fe y confianza de que todo está bien hecho, yo al menos me he quedado tranquila. No obstante, uno puede pensar, sí, ¿pero era necesario que se fuera tan pronto? Personalmente, he querido fiarme de que todo estaba dentro de un plan perfecto y no torturarme por algo así; no es un intentar autoconvencerme, es que en verdad mi marido ya está donde muchos aspiramos algún día llegar, y él se fue entre otras cosas a cambiarnos la vida. No sabremos nunca cómo hubiera sido la nuestra con él, tampoco quiero darle vueltas. El «y si» es verdaderamente peligroso, entras en bucle, el dolor te come, no vale la pena. Manu se ha ido y debemos ser lo más felices posible con nuestra realidad, sacar el lado bueno de las cosas y estar muy tranquilas de que nada es en vano, de que algún día allá arriba lo entenderemos, de que tenemos mucho por vivir, de que podemos encontrar felicidad en esta dura situación y de que mirar hacia delante es lo realmente inteligente.

Nos tenemos la una a la otra, y si nos cuidamos y hacemos por querernos mucho, tenemos mucho ganado en esta tierra. Tenemos yo un marido y ella, un padre santo. Sí, santo, quizás no lo conozca nadie; bueno, ahora con este libro ya lo conoce más gente, pero Manu está en el cielo y santos son todos los que llegan allí. La inmensa mayoría de los santos son desconocidos. Alguien puede preguntar: ¿y cómo sabes que está en el cielo? Y entonces respondería yo: y todo lo que acabo de contar ¿no es prueba suficiente de que Manu verdaderamente ha llegado al cielo? ¡Si no para! ¡¡No me deja, no nos deja!! Desde que se fue no ha cesado de interceder, de cuidarnos, de velar por los que aquí dejó un día sin quererlo. Manu vive, y no nos dejará nunca. No lo ha hecho hasta el día en que escribo estas líneas, y no lo hará jamás. Simplemente nos espera, nos guarda sitio con Él.

Estaba un día comiendo con unas amigas de Rocío y una de ellas preguntó dónde estaba su papá. Yo, con la naturalidad por la que siempre he luchado, le dije que se había ido al cielo y que nos había ganado la carrera. Una amiga, Marta, que estaba conmigo, me echó un capote y de una forma muy natural le dijo:

—En realidad, tenemos mucha suerte. Tenemos un enchufe en el cielo, y cuando lleguemos, él ya sabe cómo funcionará todo, nos lo explicará y nos guardará el mejor sitio al lado de Jesús.

La niña, ya no tan niña, no puedo explicar con la tranquilidad con la que nos miró. Se quedó satisfecha con aquella conversación e incluso asintió con la cabeza. A mí esto me dio que pensar. Al final nuestra mirada adulta nos pone muchos impedimentos, muchas limitaciones. Los niños creen lo que sus padres o mayores les dicen, ellos confían ciegamente. ¿Por qué entonces dudamos los mayores tanto? ¿Por qué no me debo fiar de que mi Padre Dios, al que amo, y que Él me ama como nadie nunca podrá amarme, no se ha equivocado al permitir algo como lo que ha permitido? Yo quiero tener la mirada de esa niña, la de mi hija, la de tantos y tantos niños que confían ciegamente. Señor, yo me quiero fiar de ti ciegamente, porque Tú nunca te equivocas. «En verdad os digo, que si no os convertís y os hacéis como niños, no entraréis en el Reino de los Cielos» (Mateo 18, 3). Por ello, si algo le he repetido a mi hija y lo seguiré haciendo, porque lo creo firmemente, es:

—Papá, aunque no lo puedas ver, está contigo siempre, en el cole, cuando discutes con una amiga o cuando tienes miedo. Siempre está y estará con nosotras, nunca nunca nunca nos va a dejar.

Su mirada y su carita son
Tus huellas tatuadas.
En una hermosa princesa
Que tu sangre lleva dada.
Ella ríe y amilana
Esta pena tan humana.
Con sus besos y abrazos
Nos consuela la mirada,
Y avanza una vida
Llena de amor y esperanza.
Nos recuerda que la infancia
Inocencia solo alcanza.

17
AMOR ETERNO

Cuando conocí a Manu, como ya he contado, supe que sería el amor de mi vida y la persona con la cual me casaría. Jamás imaginé un final así, y aunque todo me iba bien, siempre estaba alerta por si algo le pudiera pasar, pues mi corazón a veces sentía miedo de una posible pérdida.

Yo a Manu le amaba, pero es verdad que aquí en la tierra ese amor no era perfecto, discutíamos, no estábamos de acuerdo en cosas… Lo normal de cualquier matrimonio que se quiere. El amor que sentía por él era un amor terreno, carnal, limitado, caduco…, propio de nuestra imperfección humana. Aquí nos teníamos el uno al otro, éramos una pareja que lo hacían todo juntos. Compartíamos aficiones, gustos, formas de pensar… Muchas cosas. Me sentía una gran afortunada de tener una persona así a mi lado. A veces no me creía que me hubiera pasado a mí algo tan maravilloso. Era tan feliz con él. Aun así, como digo, no todo era perfecto.

Con el paso del tiempo quise interiorizar la pérdida de Manu. Me di cuenta de que ese amor que yo sentía aquí en la tierra imperfecto iba adquiriendo perfección. Comprobé que se estaba convirtiendo en un amor limpio, sin ningún tipo de escollo o rencor. Un amor sin miedos que crecía de forma exponencial, que respondía a mis anhelos, llenaba mis deseos y se imponía ante cualquier circunstancia. Un amor maduro, purificado, sin fin…, con tendencia a la eternidad.

Pero ese amor no acabó ahí, porque empezó a crecer para dar frutos enormes. Y Manu, que vivía en la tierra, comenzó a vivir en mi corazón para siempre y a convertirse en mi compañero incondicional del alma. De hecho, es curioso porque cuando veo fotos o vídeos de él, no lo siento muerto. Está vivo, no lo puedo ver ni tocar, pero sí sentir, y de una forma muy concreta en mi corazón. Se fue para quedarse en mí para siempre, y me acompaña de un modo diferente, pero está conmigo en todo momento. Pienso que vino a este mundo a algo mucho más trascendente de lo que pensaba en realidad y con mucho más valor. Vino concretamente a mi vida a transformarla por completo, a llenarla de amor, a darle sentido… Manu vino a darme VIDA.

Quiero recordar el primer verano, el del 2018. Nuestro frangipani, aquel que dejamos crecer con nuestro amor, no floreció. Esta planta suele sacar flor a finales de junio o primeros de julio, pero por más que esperé su flor ese año, no ocurrió. En un principio pensé que la planta acabaría muriendo o se marchitaría y me dio mucha pena, porque era algo muy nuestro. Pero nada más lejos de la realidad. Con el tiempo me di cuenta de que nuestro frangipani solo estuvo «de luto» ese año, porque la realidad es que hoy sigue creciendo y dando flores, más bonitas si cabe que antes. Estoy segura de que aquello solo fue un *break,* porque cada año florece con más fuerza, y espero que lo siga haciendo por mucho más tiempo… al ritmo de nuestro amor.

Y como nunca me deja fruto de ese amor hacia mí, contaré lo que me pasó el primer aniversario de boda que viví tras su muerte. Recuerdo que fuimos a cenar con mis amigas a un sitio de moda que acaban de abrir en Valencia. Al terminar, y casi cuando ya nos íbamos, mi amiga Blanca, la que de algún modo colaboró para que nos conociéramos, me dijo algo:

—Laura, mañana me voy a Ámsterdam y no quiero que pase más tiempo. Tengo un regalo para ti.

—¿Un regalo para mí? Qué ilusión, Blanqui.

Me dio una bolsa con un paquete pequeño envuelto. Al abrirlo, vi un marco de fotos donde había un papel enmarcado con un texto manuscrito en tinta azul: «Recordad las palabras del Papa Francisco: Perdón, Gracias, Te quiero»... Abajo firmado ponía el nombre de mi marido.

Pasaron segundos hasta que caí en la cuenta. Ese papel estaba escrito por mi marido. Blanca, en su boda, que se celebró un mes antes de fallecer Manu, había puesto en cada mesa unos sobrecitos de azúcar envueltos en un papel en blanco para que les dejásemos a los novios un mensaje. Cada mañana al desayunar ellos abrirían el sobre de azúcar y empezarían el día con un mensaje de cada invitado. Semanas antes le había tocado el mensaje de mi marido y algo me comentó sin darme más explicaciones. Ahí quedó la conversación y a mí hasta se me olvidó.

Al caer en la cuenta de la fecha en la que estábamos, quedaban escasos minutos para que fuera 21 de septiembre, le pregunté:

—¿Sabes qué día es hoy?

—¿A qué te refieres? —me dijo.

—Pues que en nada será el 21 de septiembre, mi aniversario de boda.

—Laura, no tenía ni idea, no me acordaba. He decidido dártelo ahora porque, si no, me voy de viaje y a saber cuándo nos vemos.

Me eché a llorar en ese momento. A través de mi amiga Blanca y sin ella saberlo me llegaba un mensaje enormemente revelador escrito por mi propio marido. Un regalo físico que no creía poder tener, y, además, perfectamente enmarcado. Me quedé pensativa mirando esas tres palabras, y entendí que Manu nunca las escribió para Blanca y su marido, sino que lo hizo para que un día, en el primer aniversario de boda sin él, llegaran a mis manos en forma de mensaje. De alguna manera no pudo despedirse, y aquello fue para mí lo que no me pudo decir en vida.

Ese 21 de septiembre de 2018 entendí lo que me estaba diciendo: PERDÓN, por todo lo que había hecho mal —aunque yo casi ni me acordaba— y sobre todo por haberse marchado sin quererlo, porque jamás nos hubiera dejado voluntariamente. GRACIAS por lo que yo había hecho por él, por nuestro matrimonio tan bonito, por nuestra hija y, en definitiva, por nuestro amor. TE QUIERO, una vez más me decía que me quería, que estaba conmigo, que no me dejaba, que cuidaría de mí y que me esperaba en ese cielo maravilloso donde se encontraba.

Me fui a mi casa plena, satisfecha, con el corazón en ebullición. Nada más llegar lo coloqué en la entrada y aquel regalo se ha convertido en el lema de mi casa, y así se lo recuerdo a nuestra hija cada día.

—En esta casa hay tres reglas que dejó papá escritas: pedir siempre perdón, ser agradecidas por cada cosa que tenemos y repetirnos muy frecuentemente te quiero.

Y aquí quiero puntualizar algo... Antes de que Manu se fuera al cielo no solía decir TE QUIERO con la asiduidad que ahora lo hago. Si algo he aprendido, es que las personas a las que queremos deben saberlo, deben escuchar de nuestra boca estas dos palabras. Escucharlas es algo que transforma el alma, la despierta y la llena de amor. Por eso hay algo que intento no olvidar nunca y es decir te quiero a mi hija antes de acostarla cada noche. Y es que tuve mucha suerte de poder despedirme de Manu con un te quiero horas antes de que se fuera de esta tierra, porque podría no haber ocurrido, pero fui una afortunada y no lo quiero olvidar. Entendí que Manu de alguna manera con ese regalo quiso dejar este mensaje tan bello en nuestro hogar.

¿Podía ser más ideal mi marido? No tenía duda de que él fue el que suscitó en el corazón de Blanca que me lo entregase ese día, que, además, me contó luego que lo tenía ya varias semanas preparado, pero se le había incluso olvidado dármelo en alguna ocasión. Manu era muy detallista, jamás me dejaba sin un detalle en las fechas señaladas. ¿Alguien podría dudar que en ese primer aniversario sin él no se lo iba a currar y mucho? ¡Cuánto amaba a mi marido! Seguía sin dejarme, sin olvidarse de que aquí estaba sin él físicamente, sufriendo. De nuevo un guiño más, un saber que «no te dejo, Lauri, no puedo tocarte, pero estoy a cada instante contigo, incluso mientras escribes estas líneas en las que te emocionas fruto de la ausencia. Pero yo te espero aquí, mi vida, en el cielo. Cuando nos volvamos a encontrar cara a cara, nos fundiremos en un abrazo de amor eterno, y ya nunca más nos separaremos, y entonces ese amor tan nuestro se multiplicará, entrará en su momento más álgido y perdurará así para toda la eternidad».

Me muero de amor solo de pensarle. ¿Qué has hecho, Manu, en mi vida?, ¿qué es esto que vivo? Es complicado expresar esta forma nueva de amar. Es tan bonito lo que mi corazón siente hacia la persona que está allá en el cielo, que lejos de llorar de pena, me sale emocionarme por sentir algo tan grande y único.

A lo largo de los años a estas dos preguntas que me hago muy frecuentemente les he ido encontrando respuesta. El fin del matrimonio cristiano es que la mujer lleve a su marido al cielo, y viceversa. Cuando me casé con Manu, esto era algo que yo sabía, pero que no tenía en cuenta mucho porque estaba a otras cosas y tampoco me imaginaba que lo nuestro fuera a acabar tan pronto. Me alegra pensar que el paso de los años ha puesto en evidencia que, en nuestro caso, nuestro matrimonio, aunque muy pronto, ha cumplido su función. Pues hoy gracias a él estoy más cerca de ese cielo, porque mi marido me ha abierto de un modo muy gráfico sus puertas.

UN AMOR DE DOS QUE PASÓ A SER DE TRES

Cuando Manu se fue al cielo, a mi vida llegó una gran luz. Ese Dios al que voluntariamente le abrí las puertas de mi corazón entró con una fuerza arrolladora a apoderarse —en el buen sentido de la palabra— de mi alma. Cuando Dios, que es amor, entra en tu corazón, tu vida ya no puede ser nunca igual. Es un antes y un después muy marcado. He llegado a lamentarme del tiempo que había perdido sin conocer su amor, porque es algo que transforma tu vida, es algo de lo que no se puede prescindir, pues es tan grande y verdadero que se necesita para poder vivir en plenitud en esta tierra..., al menos yo lo he experimentado así. Es un amor que sacia, pero que no tiene techo, uno siempre quiere más y más, porque la capacidad de nuestro corazón de amar es infinita, y ese amor no tiene límites. Trasciende tu vida y la llena por completo. Y fruto de todo esto empecé a notar un gozo interno que definiré como «un ardor en mi corazón», una especie de fuego que se avivaba cuando experimentaba o sentía su presencia en mi alma.

Algo que me ayudó mucho y que hoy me da vida es ponerme delante del Santísimo, es decir, acudir a la adoración. He de decir que jamás antes lo había hecho. No acababa de saber bien lo que realmente significaba cuando ponían ese trozo de pan expuesto en la custodia. Pero poco después de venir de Emaús y cuando acudía asiduamente cada semana a la adoración me di cuenta del poder de ese gesto. Un pan convertido en Dios para enriquecer mi alma. Y cuando entendí aquello, empecé a contarle mi vida, mi dolor, mi gran sufrimiento... y las lágrimas brotaban ante su presencia. Hubo veces que tampoco tenía mucho que decirle, las menos, pero me gustaba permanecer ante Él y simplemente le decía:

—Tú me miras, yo te miro.

Y me pasaba algo precioso, y es que no sentía rencor, todo lo contrario, notaba sosiego y paz. Sabía que ese Dios ante el cual yo estaba arrodillada había permitido que mi marido se fuese con Él, y lejos de enfadarme tenía la clara necesidad de fiarme de Él. Entendía que un Dios Amor no podía hacerme una mala pasada, intuía que algo bueno se estaba labrando con todo aquello, aunque no fuese capaz de verlo. Me costaba tener paciencia, pero se la pedía. Sabía que algún día entendería su partida al cielo, entendería para qué tanto dolor. Y entonces le lloraba y le decía que necesitaba su gracia, su fuerza, su amor para seguir adelante, y Él me lo daba con creces.

Salía de aquellas adoraciones exultante. Esto me duraba días, y aunque seguía llorando, tenía su consuelo. Nunca antes había experimentado algo igual, a mí me ardía el corazón literal, sentía AMOR, y una gran alegría mezclada con un dolor muy profundo.

Lo mismo me pasó con la misa. Yo, que iba por pura tradición, porque comprendía que al menos media hora a la semana debía dedicarle al Dios que me dio la vida, de repente empecé a ir asiduamente porque quería y lo necesitaba. Ese pan que recibía era pan para mi alma. Entendí que si necesitaba alimento para no morirme de hambre y poder sobrevivir, necesitaba por igual ese pan de vida bajado del cielo para enriquecer y alimentar mi alma con su amor. Dejé de ir a misa por tradición y pasé a ir a misa por amor. Comencé a escuchar cada Evangelio y me di cuenta de que era palabra viva, de que podía sacar una lección para mi día. ¿Cómo encontrar sentido hoy a algo que estaba escrito hacía más de dos mil años? No es que fuera actual, es que aquellas palabras hablaban de mí, de mis miserias, de mis anhelos, de mis sueños, también de mis sufrimientos. Esas palabras daban sentido a cada uno de mis días.

Experimenté algo muy revelador… y es que con un Dios en mi corazón vivo, a pesar del dolor y el sufrimiento profundo, era feliz, porque mi vida tenía sentido. Por fin sabía a lo que quería dedicarme, y era a ganarme ese precioso cielo donde mi marido ya habitaba. Y descubrí algo, y es que solo podía hacerlo de un modo: amando a todo el que me rodease, incluso al que no tenía ganas ni de mirar. Pues ese amor que empezaba a experimentar no podía quedarse únicamente para mí, era un amor para dar, para compartir con el que quisiese experimentarlo conmigo. Y entonces sonreía, tenía ganas de seguir riendo, tenía ganas de salir con mis amigas, volví a tener ganas de trabajar... En definitiva, tenía muchas ganas de VIVIR.

Y algo que entendí con total claridad con el tiempo es que por el amor que me tenía Manu quiso que conociese lo que a él le llenaba y le había cambiado la vida. Me quería a su lado para siempre, quería que algún día yo pudiese estar con él, disfrutando de ese cielo tan maravilloso que habitaba. Y me quería tanto que fue incluso pasando a un segundo plano para dar paso al verdadero protagonista de nuestra historia: Dios. Comprendí con el paso de los años que el amor de Manu y mío estaba sustentado sobre uno mucho más potente, el amor de Dios. Y por eso, cuando nuestro amor fue de tres, se convirtió en uno muy verdadero, purificado y trascendente. Nuestro amor, por fin, era ETERNO.

Hoy, Señor, me has vuelto a hablar,
¿Qué podría yo de ti esperar?
Me he visto sostenida por tus brazos,
A la vez que apoyada en tu fuerte regazo.
Inundada de lágrimas y dolor,
Alumbrada por la luz de tu Amor.
Sé que nada malo me espera,
Que este sufrir es pura quimera,
Que todo a tu lado cobra sentido,

Que eres el calor que apaga mi frío.
Quiero seguirte sin rumbo,
Pues Tú marcas mi vida y cada segundo.
Sé qué me espera al final de esta vida,
De solo pensarlo me lleno de alegría.
Sabes que deseo encontrarme contigo
Y poder agradecerte todo lo vivido.
Gracias, Señor, por soñar conmigo,
Prometo seguirte y ser tu testigo.

18
DÉJATE DE HISTORIAS Y VIVE

Encontrar el sentido de nuestra existencia es algo que da mucha tranquilidad al corazón. Nos pasamos cada día buscando razones para vivir más y mejor, para disfrutar de cada cosa, para sufrir lo menos posible, pero lo que en realidad anhelamos es ser felices. Y si algo he comprobado es que tener el sentido de mi vida definido me hace feliz.

Cuando entendí de verdad el motivo y el fin para el cual estaba hecha mi vida, cambió mi actitud ante ella de forma radical. Cuando uno comprende que lo verdaderamente importante está en el cielo y «esta vida terrena es un instante entre dos eternidades», como decía santa Teresita de Lisieux, ya no puede vivir igual.

LA MUERTE NO ES EL FINAL

Al sentir que mi marido estaba en el cielo, mi visión de la vida cambió. Pues ese era mi verdadero objetivo a partir de aquel momento, llegar al cielo con él, eso sí, cuando me tocase. ¿Y por qué era mi objetivo? Pues porque tuve claridad de que esta tierra no es el fin último. Es necesario y debemos vivir de la mejor manera posible en ella, pero estamos llamados a algo mucho más verdadero, estamos llamados a una vida eterna. Y es que creo que esta vida terrena no es el final, porque entonces sí que sería muy injusto. ¿Qué pasaría con ese niño que fallece a los meses de nacer, o ese enfermo que no puede disfrutar de determinadas cosas por su enfermedad, o, por ejemplo, mi marido, que se fue con treinta y seis años? ¿Son ellos menos merecedores de vivir que el que vive noventa y en buenas condiciones? ¿Qué es entonces la vida, un tema de buena suerte? Yo creo verdaderamente que va más allá de la suerte, y que cada uno tiene una misión, que es cierto que a veces es difícil de ver, pero todo no puede acabar aquí. Algo me quedó muy claro: Manu se fue de este mundo cuando se tuvo que ir, cuando llegó su hora, ni antes ni después, aunque me duela profundamente. Y contaré algo.

Yo he podido atormentarme durante estos cinco años que llevo viuda de no haberle podido salvarle. Sí, porque estuve a su lado, intentando reanimarlo, y Manu nunca volvió en sí. Por contra, gracias a que ese día de julio de 2016 estuve en la piscina justo al lado de mi suegra, esta pudo salvarse del melanoma bastante avanzado que le vi. Y lo mismo con la hermana de mi suegra.

El verano pasado también le vi un lunar que no me gustaba nada y la avisé. Resultó ser otro melanoma. La historia se repetía de nuevo. Estar en el momento adecuado y lugar adecuado. Con el tiempo he pensado y dado vueltas a todo esto y mucho. Es verdad, gracias a que vi aquellas lesiones feas, que resultaron ser melanomas malignos, ambas, mi suegra y su hermana, hoy viven y están libres de enfermedad. Pero siempre he creído que realmente pasó porque alguien —en este caso Dios— permitió que así fuera. La muerte de mi marido, en cambio, no la pude evitar, y mira que lo intenté, pero tengo clarísimo que no tocaba, porque esa madrugada del 18 de mayo del 2018 era su momento.

Y para romper un poco el hielo haré un apunte, y es que el día que le pregunté a mi suegra si podía contar en este libro lo de su melanoma, me dijo que por supuesto podía hacerlo, y que si iba a ayudar que lo contase. Íbamos andando por la calle, aún no había empezado a escribirlo, pero ya tenía el guion en mi cabeza, y cuando se lo comenté, se quedó parada y, con ese gesto muy suyo, me miró a la cara y con una sonrisa me soltó:

—Laura, por mí no hay problema, pero una cosa te voy a decir, puedes añadir esto cuando lo cuentes: puntualiza que no tienes marido…, pero que ahora tienes suegra para rato.

Mi suegra es única en el mundo, y lo que yo me río a su lado no se puede contar aquí. Me gustan mucho las personas que me hacen reír. Es otro de los grandes regalos del cielo, me trata y me cuida como a una más. Nos llevamos muy bien, aunque siempre cuenta de broma que la verdadera suegra no es ella, sino que soy yo. Pero a mí me encanta ser su suegra, «reñirla» de vez en cuando como haría con mi madre y cuidarla todo lo que pueda. Creo que la vida es para tomársela con humor, y ella es el vivo ejemplo de esto. Qué talante y qué ejemplo nos ha dado, y también mi suegro a todos los que los conocemos, pues no hay que olvidar que han perdido a su querido hijo, pero lo gordo de todo esto es que nunca les ha faltado la sonrisa y el buen humor. Veo a sus padres y entiendo a la perfección por qué era mi marido así, y es que lo bueno se contagia y también se aprende en casa. Doy gracias de nuevo a la vida por que sean los abuelos de nuestra querida hija.

Es muy duro saber que no tiene a su padre con ella, y aunque me desgarre, sé que Dios no se equivoca, sé que nuestra vida está muy bien hecha y no hay error posible, a pesar de que a ojos del hombre sea algo injusto, doloroso o inexplicable. La muerte de Manu no es un error. Su vida en esta tierra había terminado. Lo vi, lo tuve claro, vino a este mundo a mucho más de lo que mi cerebro limitado pudo pensar mientras vivía. Manu vino a cambiarme la vida a mí y a muchas otras personas. Porque tu muerte, Manu, no es en vano, tu muerte es vida.

Y es que la muerte al fin y al cabo no es muerte, la muerte es la puerta de la verdadera vida a la que estamos llamados. Y por supuesto no es el final. Y es que cuando la entiendes así, ya no da tanto miedo irte de esta tierra, porque sabes lo que encierra. Te espera algo realmente bueno, es la llave a un cielo hermoso, donde el Amor nos espera para que podamos gozar de Él para toda la eternidad. «Ni ojo vio, ni oído oyó, ni por la mente han pasado las cosas de lo que tiene Dios preparado para los que le aman» (1 Corintios 2, 9). Mi corazón se enciende cada vez que leo esta cita, de verdad, que es puro amor y esperanza.

He comentado muchas veces con mi amiga Maite —otra de esas personas que me ha traído esta nueva etapa— que si aquí, cuando he tenido esos momentos preciosos de poder atisbar el cielo, el corazón me ardía con un fuego intenso y notaba en él un gozo inexplicable, ¿cómo debe ser el cielo, donde ese gozo es eterno y en plenitud? Me muero de amor solo de pensarlo.

CELEBRA Y AGRADECE CADA DÍA DE TU VIDA

No obstante, se nos ha regalado una vida aquí en la tierra maravillosa, con sus dificultades, imperfecciones y escollos…, pero maravillosa en sí. Cada día es un regalo y debemos celebrarlo a lo grande. Me repito muchas veces: «Celebra la vida, Laura», eres una afortunada, a pesar de todo. Tienes tanto por lo que dar gracias, que no sería justo quejarse mucho, un poco sí, porque es humano, pero lo justo. No tendría por qué tener nada y en cambio tengo muchas cosas, entre ellas una hija maravillosa, una familia y unos amigos que no merezco. Y en esto me detendré, pues si ya tenía gente fantástica a mi lado, la cantidad de personas que he conocido en esta nueva etapa de mi vida ¡no tiene precio! Jamás las hubiera conocido antes. Son un regalo, y es que todo no ha sido doloroso. He querido tener la mirada abierta, abrir horizontes y dejarme sorprender por lo que la vida tenía para mí preparado. ¡¡¡Tengo mucho bueno que agradecer y celebrar!!!

Mi cuarteto, Mapi, Maite, María Ángeles y María, que estar con ellas es como rozar el cielo. Cuando nos juntamos el tiempo se para, es como si nos conociéramos de siempre. Su padre, también fallecido cuando eran pequeñas, y Manu nos han unido desde el cielo. Mis queridas Marta y Carol, que cuidan de mí y de mi hija, me hacen reír y nos lo pasamos genial cuando estamos las tres juntas. La bondad de Marta no tiene comparación. ¡Cuánto aprendo de ella! Y Carol... es como si la conociera de toda la vida. Hubo un día que estaba sufriendo mucho y me llamó por teléfono. Empecé llorando y poco a poco fue cambiando el tono de la conversación y mi estado de ánimo, y acabamos riendo a carcajada limpia para variar. Esto es amistad de la buena, una amiga que consigue sacarte del hoyo y se parte el alma por verte feliz cuando más dolor tienes... Así es Carol, buena a rabiar. Su generosidad no tiene límites, tenemos los mismos gustos y nos entendemos solo con mirarnos. O mi amiga Gema, siempre tan atenta y ayudándome a cada paso que doy, otro gran descubrimiento. También Paula y sus planes molones, y tantas otras personas que jamás se hubieran cruzado en mi vida si esto no hubiera ocurrido. Veo en cada una de estas personas la mano de Dios detrás, he notado su amor a través de ellas. Su cuidado, su cariño, sus detalles..., lo noto a Él y a mi marido intercediendo, por eso las quiero tanto. Repito, todo no es doloroso, hay mucho que agradecer. Gracias por tanto, amigas.

AYER YA PASÓ, MAÑANA NO EXISTE, SOLO TENGO AHORA

La muerte de mi marido me hizo despertar de una forma muy llamativa y empezar a vivir la vida de verdad. Me di cuenta de la belleza de las pequeñas cosas, empecé a saborearlas como si al día siguiente no me fuera a despertar, a vivir el hoy y el ahora. Entendí que ayer ya había pasado y que el mañana no existía, que los planes solo eran planes y que el presente era lo único que yo tenía. Era verdad, estaba viva y quería saborear todo hasta el último segundo, y no dejar de hacer nada y mucho menos posponerlo. Quise disfrutar de cada cosa como si fuera la última vez. Contaré un ejemplo quizás algo tonto, pero que a mí me ayudó muchísimo poder extrapolarlo a otras facetas de mi vida.

Teníamos dos vajillas, la de todos los días de loza y una un poco mejor, tampoco mucho más, blanca preciosa con un hilo plateado en los bordes, sencilla pero bonita, que guardábamos para ocasiones e invitados. Con el tiempo he decidido que yo hasta el día que me muera quiero comer con la vajilla bonita, con los cubiertos bonitos y con todo lo que tenga bonito. En definitiva, quiero vivir bonito. La realidad es que mi marido se murió sin casi usar la vajilla. Guardamos y posponemos: «Ya lo haré», «Ya iremos otro día», «Ya pensaremos», «Ya quedaremos»…». ¡¡¡Que nooo!!! Que mañana no sé lo que va a pasar, lo uso hasta desgastarlo y cuando necesite otro, pues me lo compro, y si no me lo puedo comprar, pues eso que he disfrutado, en este caso, comer en un plato bonito los días que me queden. Desde luego, mejor que tener las cosas en el armario llenándose de polvo o viviendo de planes que es posible que nunca ocurran. Si se puede, y es bueno, ¿por qué no hacerlo ya? Y veremos lo que ocurre. Y es que algo tuve claro: lo que me quedara de vida, la exprimiría hasta el último segundo.

Un amanecer, un temazo en el coche cantando desgañitada, llorar de la risa con amigas, una comida en familia, una buena cucharada de helado de *cookies* o una pieza de *sushi,* una estampa de la naturaleza, una brisa que acaricia mi piel, un abrazo, un beso de mis padres, un perdón a alguien que quería, el olor del azahar y flores frescas, un momento de silencio, unas palomitas en el cine, notar la lluvia en mi pelo, un beso de mi hija en la mejilla, un observarla sin que se dé cuenta, una buena conversación con amigas, un grito de alegría en un concierto, un abrazo de cariño, lágrimas de amor, tostarme al sol, observar la obra de la creación, leer un buen libro, despertarme sin despertador, un abrir la puerta de mi consulta para ponerme a trabajar... Cada pequeña cosa era un regalo por el cual quería dar gracias.

Vida nueva, trabajo nuevo

Si algo bueno me ha traído esta nueva vida ha sido la forma en la que hoy entiendo mi profesión. A simple vista puede parecer que nada ha cambiado, pero en realidad ha cambiado todo, porque hoy veo la medicina de familia con ojos nuevos y, por tanto, mi trabajo ahora es un trabajo nuevo. En verdad no fui capaz hasta hace no mucho de ver con claridad que era el lugar idóneo para labrarme ese camino al cielo, haciendo cada cosa por amor y dando trascendencia a esa labor. Un trabajo hecho por amor multiplica su valor.

Tengo que reconocer que en ocasiones me he visto sobrepasada, porque la realidad es que hay mucho papaleo, burocracia y algún marrón que otro, pero con esta mirada nueva es todo más fácil y llevadero. ¡Cómo cambia algo cuando se hace por amor, por pequeño que sea! Esta especialidad es una gran desconocida y a veces incluso poco reconocida dentro de nuestra propia profesión. Pero he descubierto que no hay una mejor especialidad para mí, pues si algo me ha permitido mi trabajo es profundizar en la persona. En su familia, en sus problemas y, por supuesto, en sus enfermedades. Los pacientes crecen y envejecen con nosotros. Somos una especie de confesores y también de confidentes, porque nuestro secreto profesional nos compromete a guardar la intimidad de cada persona que entra por la puerta. Es una especialidad muy completa, puedes tocar todos los palos y ahondar en lo que más te guste. Permite ver al paciente en su conjunto y hace ejercitar mucho el ojo clínico.

Pasado el tiempo me he dado cuenta de cuánta razón tenía Manu. Él me dijo que algún día entendería por qué la vida me había llevado hasta este punto. Yo solo veía mis planes, mis deseos... y los años me han hecho ver que no hay mejor especialidad que la que la vida me llevó a escoger. Y dermatología, que es lo que quise hacer en un principio, mi trabajo de médico de familia me permite de alguna manera estar en contacto con esa especialidad, tanto que pude detectar los melanomas de mi suegra y su hermana y muchas otras cosas más que veo a diario en mi consulta. A veces uno se empeña en algo que no es para él, y la verdad es que cuando se cierra una puerta se abre una ventana. Lo puedo decir porque lo he vivido así. Mi experiencia me dice que en ocasiones uno tiene que fiarse de lo que NO ocurre, no ofuscarse y dejar el tiempo pasar, ser feliz con su propia realidad y convertir en oportunidad cada situación que se presenta.

Durante estos años he aprendido mucho sobre medicina, pero sobre todo he aprendido mucho sobre el ser humano en su conjunto y a valorar cada cosa que tengo. Es una profesión donde uno conoce cómo viven sus pacientes y sus familias, aprende que no todo el mundo tiene las mismas oportunidades, que hay personas que pasan gran parte de su vida sufriendo y que muchas otras son felices con apenas nada.

He presenciado situaciones de toda índole que también darían casi para un libro. Los médicos de familia en ocasiones acudimos a los domicilios de enfermos que por diferentes razones no pueden acudir al centro de salud. En casas ajenas uno ve de todo. He estado en viviendas cuyo suelo estaba más sucio que el de la calle, hogares muy humildes pero perfectamente cuidados, he visto a gente suicidarse sola y me he encontrado con personas en su lecho de muerte rodeadas de amor. He vivido circunstancias de auténtico miedo. Como esa vez en que un paciente bajo los efectos de las drogas tuvo una alucinación y quiso lanzarse ante mí porque me confundió con alguien ficticio. Mi primera reacción fue correr, y así lo hice escaleras abajo, fue tan gordo que tardé en recuperarme del susto casi un día entero. También he estado en pisos patera o en habitaciones de cuatro metros cuadrados donde una madre y un hijo tomaban un plato de arroz en el día de Navidad mientras veían la televisión. Un contraste detrás de otro.

Y en la consulta no me he quedado corta, tengo tantas historias como personas he visitado. Este es mi trabajo, realmente un mar sin orillas.

Ahora soy capaz de entenderlo. Aquella mañana en la basílica de la Virgen antes de hacer el examen MIR, no perdí el tiempo. Quizás me ha costado tiempo entenderlo. Yo pedí escoger lo que fuera mejor para mi vida y curiosamente la vida tenía preparado algo grande para mí, un trabajo que me hace crecer como persona, que me lleva a agradecer cada instante de mi vida y a valorar lo que tengo. Un lugar donde unas veces el sufrimiento y otras el amor me hace palpar la realidad y me recuerdan que cada cosa que tenemos es un auténtico regalo. Solo me sale escribir de nuevo, GRACIAS.

QUE EL FIN DEL MUNDO ME PILLE CANTANDO

Hay cosas que han resultado muy terapéuticas en estos años, creo que cuando pasa algo gordo en tu vida hay que buscar eso que te llena el corazón y te hace feliz; en mi caso, la música ha sido una de ellas. Siempre me ha gustado, pero ahora estoy en otro nivel, porque la vivo todavía más si cabe. Para mí la música es alegría y vida. Si algo me ha ayudado en este proceso a avanzar, es escuchar música, cantar canciones e incluso grabar algún que otro *cover*.

Piensas que hay situaciones que nunca te van a ocurrir a ti, pero luego la vida te sorprende y te ves haciendo algo que soñabas pero que jamás hubieras pensado que era posible. A mí me pasó algo así. Un día me llamó Paco, de El Secreto de Herbie, para cantar a dúo con él una versión de El Canto del Loco, *Una foto en blanco y negro*.

El Canto del Loco ha formado parte de mi adolescencia y de mi vida en general, sobre todo en los años en que Manu y yo salíamos. Y esa canción siempre fue muy especial para mí. Tengo claro que esa llamada fue otro gran guiño del cielo. No pude negarme, tampoco es difícil convencerme para algo así.

Llegó el día, aunque se hizo esperar, porque estábamos en plena pandemia, en que pude cumplir ese deseo. Me vi en un estudio de grabación, cascos y micrófono en mano, grabando una canción que dedicaría al cielo. Aquella sería la primera de unas cuantas otras, pero *Una foto en blanco y negro* fue muy especial por ser la primera y porque su estribillo me ponía los pelos de punta. Recuerdo ponerme una foto de Manu en el atril donde tenía la letra de la canción. Cada palabra salía directa del corazón, a él le encantaba escucharme, así que no pude hacer otra cosa que cantarla con el corazón y dedicársela a él. Alguna lágrima se me escapó, era inevitable, pero algo tenía claro, y es que Manu estaba disfrutando desde allí arriba.

Poco después quise aprender a tocar un instrumento, necesitaba poder expresar a través de la música todo lo que llevaba en mi corazón. Creo que jamás me hubiera dado por aprender a tocar ninguno antes, pero con la partida de Manu todo había cambiado. Así que un día, estando en casa de mis padres, mientras mi hermano me enseñaba una canción que había aprendido a tocar con la guitarra, les dije:

—Creo que voy a aprender a tocar la guitarra.

Mi madre al escucharlo soltó de una forma muy graciosa estas palabras:

—Lo que nos faltaba.

Y es verdad, pocas cosas me faltaban por hacer en esta vida, y tocar la guitarra era una de ellas. Lo dije y lo hice, y hoy no soy una experta ni mucho menos, estoy aprendiendo, pero ya voy tocando alguna canción, y cuando a veces no puedo más, o me siento agobiada, cojo mi guitarra, la toco, canto un rato y todo cambia. La música me relaja y me hace sentirme bien.

Lo mismo pasó aquella tarde de viernes de hace un año en el coche, lugar donde disfruto la música de un modo muy especial. Yo no sé poner las canciones a un volumen bajo, mi hija solo me pide que, por favor, no lo suba tanto, pero a mí el sonido de los temazos me gusta que penetre bien por mis oídos. Hace un tiempo hice una lista en Spotify que se llama «Subidón @viajarentrelíneas», ahí uno puede encontrar cualquier cosa, pero sobre todo una buena dosis de música que sube el ánimo. Raffaella Carrà, Paulina Rubio, Sonia y Selena, Sergio Dalma, Al Bano y Romina Power, Juan Luis Guerra, Raphael... Es un buen popurrí de canciones de toda la vida.

Recuerdo un día que me lo estaba pasando genial con Rocío en el coche, las dos cantando —porque ella, a pesar de su corta edad, ya se las sabe todas—. Cuando casi estaba a una calle de mi garaje decidí que no me iba a casa y pasé de largo. Me puse a dar vueltas por la ciudad, sin rumbo, para seguir disfrutando a grito pelado de cada canción. Aquel momento con ella era único y no quería que acabase. Estuve más de media hora dando vueltas sin descanso. Cada canción era mejor... *Felicità,* de Albano y Romina, me ponía los pelos de punta, por no decir *Sarà perché ti amo,* de Ricchi e Poveri, o

El corazón contento, de Marisol. Yo disfrutaba, además, llovía un poco y era hasta divertido cantar bajo la lluvia. Nos lo estábamos pasando genial. Ella movía sus bracitos y yo la veía por el retrovisor. De repente, y cuando ya llevábamos un rato y varias canciones a nuestras espaldas, pasamos al lado de una gasolinera. Mis ojos inevitablemente se fueron al cartel que parpadeaba en rojo intenso mostrando precios históricos del diésel. Eso fue un bajar a la tierra, pero hasta pienso que era necesario pararme, porque en estas cosas yo no tengo fin. Por un segundo todo el subidón que llevaba se me fue, miré a mi hija y le dije:

—Acabamos de fundirnos unos cuantos litros de diésel que han costado oro, no estamos para hacer viajes en balde, pero ¿sabes lo que te digo? Que lo bien que lo hemos pasado no nos lo quita nadie, Ro.

Di media vuelta y puse rumbo a casa. Eso sí, continué con un temazo tras otro hasta aparcar el coche. La media hora larga al son de mi lista preferida, con mi hija feliz cantando y disfrutando, me la llevo guardada en el corazón.

Estos son unos cuantos ejemplos de cómo dejé de planificar para empezar a vivir. Opino que nada de esto hubiera sucedido si me hubiese encerrado en mi dolor sin dejar que empezaran a ocurrir nuevas cosas. Me abandoné en lo que el cielo tenía preparado para mí, de nuevo me fie y quise decirle que sí a la vida.

VIVIR en mayúsculas se ha convertido en una máxima. Y diré que a veces no es nada fácil y requiere esfuerzo, pero vale mucho la pena. No obstante, he querido vivir la vida bien y no a lo loco, hacer todo lo que me apetece tampoco pienso que hubiera sido la solución para calmar este dolor. Se trata de vivir en la verdad, que es la que realmente nos hace libres, de hacer todo por amor, de aprovechar cada situación, cada don que me ha sido dado, de valorar las cosas y de saber ser agradecida por ello.

Este modo de vivir, sin ataduras como las que tenía antes sin darme cuenta a lo material, me hace mucho más libre. Sin embargo, sigo luchando, porque la tierra atrapa, ¡vamos que si atrapa!, y cuando me descuido a veces vuelvo a esa dependencia terrenal. En ocasiones me sorprendo de cómo después de lo que me ha pasado vuelven a preocuparme minucias sin importancia, problemas que tienen solución, pero me doy cuenta de que soy limitada y humana, y es una lucha que deberé lidiar hasta que llegue mi día. Pero mi meta está clara, no quiero ser esclava de las cosas de esta tierra, ni tampoco de planes establecidos o que se supone que tienen que ser. Por fin he querido empezar a vivir de verdad, sin miedo y sabiendo que de todo lo que ha ocurrido puedo sacar grandes lecciones. Y me siento plena pese a todo, porque, aunque a veces no entienda, quiero vivir aceptando y abrazando mi realidad, a pesar de que no es fácil. Pero de nada me sirve quejarme, más que para amargarme un poco más. Quiero fiarme de lo que la vida me ha puesto delante, de lo que ocurre a mi alrededor. Al fin y al cabo, quiero fiarme de ti, Señor. Está claro que tengo muchas razones por las que seguir sonriéndole a la vida, por las que luchar. Tengo muchas cosas por las que vivir y por las que seguir dando infinitas gracias.

El viento sopla muy fuerte,
Me recuerda el día de tu muerte.
Es duro hasta escribirlo,
Pero ocurrió y hay que admitirlo.
Aquí en nuestro paraíso pasamos
Días felices y siempre abrazados.
Surcamos mares, reímos a pares.
Salitre en la piel, besos con sabor a miel.
Me quedo con lo que vivimos,
Una gran suerte haberlo tenido.
Mi corazón arde de amor al pensarte,
No quiere ni imaginar cuando vuelva a encontrarte.
Prometo ser feliz aquí en esta vida,
En mi corazón vivirás hasta el fin de los días.

19

LA CRUZ DUELE, PERO NO HACE DAÑO

Una de las cosas por las que he tenido que pasar sin quererlo es el sufrimiento. Yo nunca he querido sufrir, porque a nadie le gusta el dolor y es humano huir de él. Pero tuve muy presente desde el principio que ese dolor, o me enfrentaba a él, o verdaderamente sí que iba a ser una desgraciada.

Creo que el mundo de hoy en día tiende a esconder el dolor y el sufrimiento porque no venden. Es cierto que sufrir no le agrada a nadie, pero lo curioso es que aquí sufrimos todos, unos más que otros, pero nadie se salva. Esto es como la muerte, que a poca gente le gusta hablar de ella, pero es lo único que tenemos asegurado en nuestra vida, que un día moriremos. Y al igual que un día moriremos, algún día sufriremos de un modo u otro. Vivir de espaldas al dolor puede hacer empeorar ese dolor con el tiempo, porque uno podría acabar viviendo en una realidad paralela sin ser coherente con su vida.

El sufrimiento de verdad, ese que se apodera de tu corazón y te quita la respiración, llegó a mi vida. Y tenía dos opciones: o negarlo y hacer como si eso no hubiera ocurrido nunca, o enfrentarme a él y de nuevo sacarle algo positivo. Quise, aunque realmente no me apetecía porque suponía un gran esfuerzo, optar por la segunda. Quise aceptar lo que estaba ocurriendo en mi vida. Dicen que la cruz pesa más arrastrada que abrazada... y es tal cual, por eso quise abrazarla. Y curiosamente me percaté rápidamente de que a medida que iba abrazando más y más esa cruz, ese dolor, era menor... Desde luego, la aceptación del dolor supone una disminución del mismo. Cuando uno acepta y deja de luchar contra su realidad, se relaja. Porque rebelarte implica un sufrimiento extra por la propia contrariedad interna que supone no hacerlo. Si el dolor estaba presente en mi vida, no lo podría ocultar; ahora me tocaba sufrir.

Recuerdo a los pocos meses de la muerte de Manu que un día mi madre me mandó un vídeo de un sacerdote venezolano que le gustaba mucho escuchar, monseñor Roberto Sipols. Y en él le oí decir una frase muy reveladora:

—La cruz duele, pero no hace daño.

Aquellas palabras resonaron en mi corazón nada más escucharlas y pusieron nombre a lo que estaba viviendo y experimentando. A partir de ese día quise llevar por bandera esa frase porque define a la perfección cómo he querido vivir mi realidad. Y es que yo veía que estaba sufriendo mucho, muchísimo, pero que esa cruz, ese sufrimiento, a mí no me hacía daño, todo lo contrario, me estaba haciendo crecer como persona, me estaba transformando interiormente.

Tendemos a pensar que lo que no nos gusta es malo, y realmente no siempre es así. A mí no me gusta sufrir, como a nadie, pero sufrir no me ha hecho daño en mi vida. El sufrimiento no es dañino si lo enfocamos bien, porque he comprobado que un sufrimiento bien llevado es un trampolín de crecimiento personal enorme. Y uno puede preguntarse: ¿cómo se lleva bien? Pues aceptándolo, enfrentándote a él, dándole sentido y sacándole provecho, porque de todo, como ya he dicho, se puede sacar grandes enseñanzas.

Si algo me ha enseñado el sufrimiento es a ser más pequeña, es decir, a ser más humilde. He podido ser más empática, ver a aquellos que sufren con otros ojos, entender más al de al lado, y eso siempre es gratificante. Cuando a uno le van bien las cosas es más difícil empatizar con el que sufre. Esto es algo que he notado muchísimo en mi trabajo, porque cada persona que abre la puerta de mi consulta viene con un pequeño o gran sufrimiento. Mi mirada hacia esos pacientes no puede ser igual que antes, porque yo también sufro, quizás de otro modo o por otros problemas, pero puedo entenderlos mejor, puedo escucharlos mejor… Al fin y al cabo, puedo tratarlos mejor.

No todo ha sido malo en esta nueva etapa de mi vida. A veces no puedo más, a veces he llegado al punto de encontrarme muy muy mal, pero siempre con confianza, y, sabiendo que todo lo que ocurría estaba bien hecho y formaba parte de mi plan de salvación, he podido continuar hacia delante.

Llegó el otoño y tú no estás,
Te echo tanto de menos..., no puedo más.
¿Por qué te fuiste, mi amor?
No hay respuesta a este dolor.
Nuestra hija me pregunta:
¿A dónde fue mi papá?
Yo le respondo que al cielo a descansar.
La pena me invade al recordarte,
Al pensar qué es lo que pudo llevarte.
Sé que algún día nos encontraremos,
Pero hasta entonces dame un resuello.
Y es que se me hace tan difícil pensar,
El poder vivir sin volverte a besar.
El tiempo pasa muy deprisa,
Pero sin ti ya no tengo la misma sonrisa.
Espérame pronto, cariño,
Volveré a ver tus ojos de niño.
Pues mayor me haré sin verte envejecer,
¡Qué heavy *esta vida..., no me lo puedo creer!*

Tengo que decir algo: para mí sufrir ha sido un acercarme más a Jesucristo. Cuando veo una cruz, ahí veo a Dios. Me gusta muchas veces cuando tengo dolor mirar el crucifijo, símbolo principal del cristiano. Como siempre digo, no es ni una flor ni una mariposa, los que creemos en Jesucristo tenemos por bandera una cruz. Es curioso como los cristianos seguimos a un crucificado, pero por nuestra humanidad muchas veces nos sale huir de esa cruz.

A lo largo del tiempo he ido clarificando el sentido de mi sufrimiento. Y es que cuando yo estoy participando de esa cruz, me estoy identificando más con Jesucristo, con Dios. «Dios es amor, y quien permanece en el amor permanece en Dios, y Dios en él» (1 Juan 4, 16). Como Dios es amor, a medida que me identifico con Él a través de la cruz, ese amor crece en mi corazón. Y cuanto más me parezco a Jesús, más amor hay en mi corazón.

Y ese amor uno no se lo puede quedar para sí mismo, porque es el amor de Cristo en el corazón del hombre. Sale compartirlo y gritarlo a los cuatro vientos. Nos nace dárselo a los demás. Por eso estoy aquí hoy escribiendo estas palabras, porque un día el Amor llamó a mi puerta y vino a cambiar mi vida por completo. Un día sentí la promesa de que nada había acabado, sino que todo había empezado; un día entendí que no había error en lo ocurrido, que nada era mío y que todo me había sido regalado, incluso mi marido, que por su amor hacia mí había sido capaz de transformar mi corazón y mi vida entera. Y no me lo pude callar, claro que no, pues supe que esto no era solo para mí, porque realmente sigo pensando que esta historia no es del todo mía, es una historia de lo que Dios un día hizo en mi corazón a través de mi marido, y si a alguien le puede ayudar o dar luz, todo ese dolor ya ha tenido su función.

Decía el Padre Pío que «el que empieza a amar debe estar dispuesto a sufrir». Y así es, yo he sufrido y sufro porque amé y amo. Si nunca hubiera amado, no estaría escribiendo este libro ni contando lo que cuento. Y repito, considero que sufrir no es malo, es duro, sí, muy duro, igual que le fue durísimo a Jesucristo morir pisoteado, maltratado e insultado en una cruz para darnos vida eterna por amor. Pero lo grande y esperanzador de esa historia, que cambió el rumbo de la humanidad entera, es que ese dolor se convirtió en amor. Y nosotros estamos llamados a lo mismo, a convertir nuestros sufrimientos en amor. Yo desde que sufro amo más y mejor. Y seguramente me sigo equivocando y haciendo cosas que no están bien, pero hoy me esfuerzo más por amar.

Creo firmemente que cada uno de nosotros tenemos una promesa en nuestra vida, que cada uno tenemos un proyecto de vida, por sencillo que sea. Y en ese proyecto podemos hacer maravillas. No hacen falta grandes pretensiones, cualquier tarea, por simple que sea, es susceptible de ser hecha por amor. Y cada cosa que está hecha por amor multiplica su valor. No es lo mismo cocinar un plato sin más que ponerle mimo, ese plato con el ingrediente estrella del amor no puede saber igual que el que está hecho sin él, por muy bien cocinado que esté. El amor transforma nuestra vida y la de los que nos rodean.

Y yo sinceramente quiero vivir así el resto de mis días en esta tierra, hasta que llegue mi hora, quiero intentar hacerlo todo amando, porque en realidad ahí es donde encuentro valor y sentido a mi vida y me hace ser mejor persona, aunque tantas veces me cueste. Y si cuesta, más valor tiene. Porque diré que no es nada sencillo, porque es muy fácil amar al que nos ama, lo heroico está en amar al que no nos ama o no nos trata bien. Los corazones enamorados son capaces de transformar el mundo. «Pon amor donde no hay amor y sacarás amor», decía san Juan de la Cruz. El ser humano solo quiere ser amado, eso es lo que anhela cualquier corazón, porque la verdadera felicidad radica en el amor.

Yo quiero vivir amando, aunque a veces no sea nada fácil. Y, además, tengo algo muy claro: por lo único que nos van a juzgar cuando lleguemos allá arriba es por el amor que pusimos a cada cosa que hicimos o con cada persona con la que nos cruzamos. Estoy segura de que nadie nos preguntará qué profesión tuvimos, sino cuánto amor pusimos en ella, lo mismo que tampoco importa si tuvimos o no muchos amigos o familiares, sino cuánto amor pusimos en ellos. Y así con todo lo que nos rodea en nuestra vida. Todo es susceptible de ser amado y el amor es lo único que realmente tiene valor y que todo lo puede. «Al atardecer de la vida nos examinarán del amor», decía de nuevo san Juan de la Cruz.

20
@VIAJARENTRELINEAS

Siempre he llevado dentro de mí algo que no sabía muy bien lo que era. Se lo decía a Manu y a mis amigas, que quería hacer algo diferente, además de mi trabajo como médico, que intuía que podía aportar un granito de arena a este mundo. Buscaba y no encontraba lo que plenamente me llenara, no daba con la clave.

Me gusta mucho escribir y mi pasión son los viajes, así que un día de 2012, movida por ese impulso interior, decidí abrir un blog donde dos de mis pasiones, los viajes y la escritura, se unieran para empezar a comunicarme con el mundo. No me costó encontrar el nombre, fue sencillo unir esas esos dos aficiones en un mismo título. Así es como nació *Viajar entre líneas*.

Mi primera publicación, «Hong Kong está de moda», hablaba de un viaje que llevaba mucho tiempo con ganas de llevar a cabo y de curiosidades y recomendaciones de esta ciudad. Esa fue la primera de no muchas más publicaciones: Londres, Las Vegas, el Gran Cañón del Colorado... y algún que otro destino más que elegí para debutar en aquellos escritos públicos. Pero mi trabajo, mi vida y que lo que hacía estaba bien, pero sin más, hicieron que el blog —*Viajarentrelineas.blogspot.com*—, que había empezado con mucha ilusión, fuera perdiendo fuelle.

Años después y con el *boom* de las redes sociales alguien me habló de Instagram. Yo por entonces solo tenía Facebook y no me interesaban mucho eso de las redes. Pero estaba por todos lados y mis amigas comentaban sobre cuentas de *influencers*. Así que un día decidí entrar y abrir una con el nombre de mi viejo blog: @*viajarentrelineas*. Al ver que nadie había cogido ese dominio me puse muy contenta, pensé que mantener el nombre podría dar continuidad a lo que un día, cinco años antes, había empezado con tanta ilusión y que por falta de motivación y tiempo había dejado de lado.

Quise empezar de nuevo con una cuenta de viajes, porque si algo tenía claro es que no iba a mostrar nada de mi vida, quería mantenerme oculta tras las fotos y los pequeños comentarios que daba en los diferentes *posts*. Recuerdo los primeros días llamar a una amiga que se dedicaba a *marketing* digital y preguntarle trucos para dar visibilidad a lo que iba publicando.

Comencé otra vez con ilusión, en el fondo de mi corazón sabía que algún día podría escribir algo que leyesen muchas personas. No sabía cómo hacerlo, yo sabía de viajes, así que lo intenté de nuevo en este sentido.

A pesar de la ilusión, con la muerte de Manu, @*viajarentrelineas* pasó a un décimo plano y los viajes también. No tenía ganas de hablar de ellos entonces, mi corazón era una explosión de sentimientos y vivencias, escribía muchísimo, cartas, poemas, reflexiones..., pero todo eso quedaba para mí y nada tenía que ver con lo que escribía antes. Pasaba semanas sin entrar en Instagram. La vida de las personas ajenas no me importaba, no podía ver vidas perfectas hablando de moda, restaurantes o viajes cuando la mía se acababa de desmoronar. Llegó un momento que me planteé cerrar la cuenta, ya no tenía sentido, mis viajes estaban en un total *stand by* y los de los demás ya no me interesaban tanto por la circunstancia que estaba viviendo.

No obstante, aquello que llevaba en mi corazón de siempre empezaba a tomar forma. Había escrito alguna cosa sobre mi nueva forma de vivir que había compartido con amigos y había gustado. La carta que leí en el entierro de Manu llegó a mucha gente. Empecé a hablar en pequeños grupos de amigas de lo que me estaba ocurriendo, del cambio tan radical de vida que tenía y veía que les servía o ayudaba.

Estaba descubriendo que sufría mucho, pero que podía ser feliz a pesar de todo. Dios estaba arrasando mi corazón y sentía que de alguna manera estaba llamada a contar lo que estaba viviendo, y, además, lo curioso es que ocurrió desde los primeros días de suceder todo aquello.

Estaba llamada a no callármelo, a pesar de lo pudorosa y celosa de mi intimidad que había sido siempre…, desde luego era algo que no venía de mí. Sabía que esta vez no servía de nada quedarme algo tan grande para mí sola.

Me gusta decir que las cosas buenas se cuentan, y si pueden ayudar a alguien, con más razón. Pensé primero en el blog que tenía y hacer algo similar con contenido de valor, sin embargo, por aquel entonces, los blogs ya no tenían tanta fuerza, necesitaba una forma de llegar a mucha gente, pero seguía sin saber cómo.

Una tarde de junio de 2019, mi amiga Micaela me mandó un *post* de una chica que había escrito algo precioso en Instagram, no recuerdo su nombre ni lo que decía, pero sí que con esa publicación a mí se me abrió una luz. Yo relacionaba Instagram con vidas de gente, con viajes, fotos bonitas, moda, restaurantes y postureo, pero no con reflexiones profundas y con contenido que valiera la pena. Al leer aquello, que nada tenía que ver con mi vida, pero que era algo diferente a lo que conocía de esta red social hasta el momento, lo tuve claro: iba a escribir esas reflexiones que llenaban las notas de mi móvil en forma de *post* en Instagram, una plataforma que me permitiría llegar a mucha gente. Necesitaba una cuenta y pensé en la de viajes. ¿Qué sentido tenía mantener ese nombre cuando ya no iba a hablar de ellos con la misma dedicación? Me planteé cambiar el nombre, pero no daba con uno que me gustase.

Dándole vueltas, me percaté de que en realidad sí iba a hablar de viajes. Concretamente de uno, el más importante de mi vida, iba a hablar… de mi viaje al cielo. Así que opté por mantener el nombre porque quería que cada persona que leyese mis publicaciones pudiese poner rumbo conmigo a ese cielo que tanto me hacía y me sigue haciendo soñar hoy.

Así es como nació el actual @*viajarentrelineas* un 27 de junio de 2019, con una publicación ilustrada con una foto de una impactante puesta de sol en la Albufera de Valencia con nosotros tres —nuestra hija, mi marido y yo— a contraluz:

¿Te subes a la vida conmigo?

Hoy quiero contar algo. Este blog nació hace unos años fruto de una pasión. Desde pequeña quise recorrer el mundo, me fascina viajar y todo lo relacionado con ello. La fotografía es otra de mis pasiones. Hace un año mi vida dio un giro de ciento ochenta grados, la persona que más quiero en el mundo se fue, para quedarse, porque os aseguro vive en mi corazón, pero ya no está en esta tierra. Este hecho tan trascendente, doloroso, incluso macabro, ha puesto mi vida patas arriba, a la vez que mi corazón; no obstante, ha llenado mis días de grandes lecciones de vida, que quiero compartir con el que esté dispuesto a acompañarme.

Con escasos treinta años he aprendido cosas que se suelen aprender con otros treinta o cincuenta años más, y dado que la vida me ha puesto en esta tesitura y que continúa, voy a compartirlo. Si en algo puedo ayudar o aportar, aquí estaré. Perdonadme si ya no hablo tanto de viajes, la persona con quien los compartía viaja por otra realidad. Seguiré viajando porque me fascina, e ilustrando mis textos con fotos de mis viajes, pero ahora vivo otro momento, os aseguro, más enriquecedor que recorrer el mundo, a pesar de que suene raro. Ahora estoy empezando a recorrer la vida, que se dice pronto, a poner los pies en el suelo y a palparla de verdad. Así que si queréis seguirme, ahora vamos a viajar todos entre líneas. Porque puse el nombre al blog sin saber en lo que se iba a convertir, en un viaje a través de palabras, experiencias o sentimientos de una mujer que con unas ganas inmensas de comerse el mundo, y en la cresta de la ola de su vida, esta le mostró la otra cara, esa que no se ve y de la cual la gente huye, pero que existe y que nos puede tocar a cualquiera. Esa faceta de la vida que si la aceptas te convierte en luchador@ y defensor@ de lo que realmente importa, y que supone un crecimiento personal enorme.

Me llamo Laura, soy médico, y me encanta escribir, tengo treinta y tres años, soy viuda y mi hija llena mi vida. Sigo dispuesta a vivir la vida y a seguir

adelante, porque, a pesar de todo, sigo queriendo co-
merme el mundo y, por qué no, también recorrerlo.
Así que, si quieres acompañarme en este nuevo via-
je, ¡bienvenid@!

#travel #vida #sunset #photography

Ese «¿Te subes a la vida conmigo?» sería el primer *post* de muchos otros. He de reconocer que no sabía la repercusión que tendría y si realmente esta vez sería la buena. Pero no había duda de que por fin había encontrado la razón de ese palpitar de mi corazón, por fin empezaba a poner nombre y a hacer realidad aquello que llevaba dentro.

Comencé a escribir de forma regular y a contestar a todo el que me escribiese. La gente me contaba por privado sus historias; era muy enriquecedor. Estaba descubriendo una faceta de Instagram nueva, positiva y muy buena y de la que veía que se podía sacar mucho provecho. Aquello me animaba a seguir escribiendo y a contar cada vez con más libertad lo que yo llevaba dentro.

Llegó la pandemia del covid-19 y tuve que quedarme en casa porque me contagié la primera de mi centro de salud. En ese momento pasé muchísimo miedo, no sabía qué iba a pasar y estaba sola y enferma con mi hija. Tenía un virus que nadie conocía, y debía encargarme de una niña de cuatro años estando en unas condiciones no muy favorables. De nuevo más cruz, me hizo sufrir muchísimo, ahora ya lo he olvidado, pero lloraba por las noches sin saber qué pasaría, pues tuve síntomas que jamás antes había padecido, como una ligera hemoptisis —expulsaba un poco de sangre al toser— con una tos muy extraña, que como médico no me gustaba nada. Recuerdo cómo me tumbaba en el sofá y mi hija me tapaba con la manta. Mi familia me traía la comida, mis vecinos me cuidaban y yo solo salía para hacerme varias PCR. Estuve dando positivo casi tres meses de la carga viral tan bestial que tenía.

Por entonces mi corazón, a pesar de un nuevo palo gordo, seguía vivo y con ganas de transmitir lo que llevaba dentro. Seguía en plena ebullición, pues todo el sufrimiento de estar contagiada, sumado a la ausencia de Manu —tan solo hacía dos años que se había ido—, me hacía reflexionar y me impulsaba a escribir más y más. Tenía que seguir fiándome de que todo estaba dentro de un plan perfecto.

En plena pandemia, fruto del aburrimiento y la falta de vida social del planeta, había mucho movimiento en redes sociales, la gente tenía más tiempo y yo también, porque no salía de mi casa. Así que aproveché para publicar todo lo que iba escribiendo e incluso para hacer algún directo. Mi cuenta empezó a crecer rápidamente.

Cuando Marieta e Íñigo, de *@3gether,* contactaron conmigo para contar mi testimonio, supe que no podía decirles que no. Me daba mucho vértigo, pues hasta entonces me refugiaba detrás de unas líneas y alguna foto de medio lado donde reflexionaba sobre todo lo que mi corazón vivía. Es verdad que ya había hecho algún directo hablando de cosas, pero nada comparado con lo que estaba segura podía contar.

Los testimonios ayudan a encarar determinadas situaciones. A mí algunos, como el de Marta Oriol, lo hicieron en su momento. Entendí que si contaba mi verdadera historia en Instagram podría favorecer a muchas más personas de las que acostumbraba, pues sabía la difusión de esta red social. Contar mi testimonio supondría abrir mi corazón mucho más públicamente y explicar lo que Dios había hecho en él. Lo pospuse varios meses, pero al final me lancé a la piscina y lo hice movida por otro pálpito interior.

El vídeo, según me dijeron, llegó a compartirse miles de veces y tuvo decenas de miles de visualizaciones. Ya no había vuelta atrás, esta historia empezaba a hacerse pública. Muchos mensajes llegaron a mi cuenta de personas en la misma situación o con otro tipo de sufrimientos, yo les decía cómo me enfrentaba al dolor y las armas que verdaderamente empleaba para combatirlo: la confianza, la oración y mi fe.

Con el tiempo seguí hablando de la vida como antes, pero perdí el miedo a hablar más claramente de Dios y de cómo vivía mi vida con Él. No podía ocultarlo, estaba enamorada de Dios y su presencia en mi corazón había cambiado mi día a día. Me salía compartirlo en mis reflexiones.

YO REZO PORQUE ME DA LA GANA

Era el 18 de mayo de 2021, tercer aniversario de la muerte de Manu, sentada en el sofá retocaba el vídeo precioso en el que él y yo salíamos bailando el día de nuestra boda y que estaba a punto de publicar en mi cuenta, titulado «Tu muerte es vida». Quiero hacer un apunte, y es que, la verdad, nunca imaginé que el título de este vídeo se convertiría en el título del libro de la historia de mi vida. No hay título que defina mejor esta historia y explicaré el porqué.

Cuando me preguntaron cuál era la promesa de este libro, aquellas palabras, «tu muerte es vida», resonaron de nuevo en mi corazón con una gran fuerza y este dio un vuelco, pues lo vi claro. Creo que no hay mayor promesa que decirle al hombre que no va a morir nunca, porque realmente así lo creo. El ser humano solo busca prolongar la vida, vivir más, y la realidad es que por la fe, los que creemos sabemos que se nos ha prometido una vida eterna, que en efecto pasa por la muerte, pero que esta es la puerta a la eternidad. Por eso, Manu, tu muerte es vida. Pero no solo es la muerte de Manu, sino la tuya y la mía, porque nuestra muerte también, si confiamos, no será muerte, sino vida.

Mientras retocaba aquella publicación, sonó el teléfono por una videollamada. Javi y un sacerdote, Don Josemaría Quintana, estaban al otro lado. Nos conocíamos de las redes. Descolgué pensando que me llamarían por el tema del aniversario, pero rápidamente me di cuenta de que no sabían nada. El motivo era otro. Don Josemaría junto con Javi habían montado desde hacía unas semanas un rosario en directo vía Instagram con el motivo de la enfermedad terminal de un niño con síndrome de Down. Aquel rosario, que llamaron la Macrofiesta del Rosario, fue un auténtico éxito, yo misma estuve como espectadora y cientos de personas, unas casi seiscientas, se reunieron para rezar por este niño que poco tiempo después se iría al cielo. Sería el primero de otros muchos que se hicieron durante el mes de mayo de ese 2021 con diferentes invitados. Pero querían ir más allá y formalizar lo que un día iniciaron con un grupo de cuatro personas.

Me propusieron entrar a formar parte de aquella fiesta junto con una sevillana, Clara, que difundía la preciosa imagen de la Virgen de la Alegría. Una vez más, y porque está claro que a mí me va la marcha, dije que sí. No podía ser casualidad, mi marido siempre me daba sorpresas en las fechas señaladas y el tercer aniversario de su partida al cielo no podía ser menos.

Así que tras reunirnos y conocernos personalmente, porque solo nos conocíamos vía *online*, empezamos cada domingo a las nueve y media de la noche en directo y desde nuestras cuatro cuentas de Instagram —*@quintanajosepmaria, @lavirgendelaalegria, @pacheco. doria* y *@viajarentrelineas*— la Macrofiesta del Rosario. Y es que en realidad, para el que ama a Cristo, todas las cosas de Dios son una verdadera fiesta, pero una fiesta de las buenas. Y esta en concreto es «macro» porque reúne cada domingo a miles de personas de cualquier país del mundo o condición. Es un rosario, pero que tiene algo especial, y es la naturalidad de cuatro locos de amor que se lo pasan bien rezando.

Don Josemaría tiene una habilidad única para transmitir el Evangelio; Javi organiza y pone orden y Clara directamente es alegría y puro amor. Nos gusta disfrutar, reírnos y, por supuesto, rezar. Cada domingo es una sorpresa porque invitamos a todo tipo de gente. Y es que rezar no es algo que quede reservado para unos cuantos, sino que lo puede hacer cualquiera, independientemente de su pasado o la vida que tenga. Jesucristo murió en la cruz en un abrazo de amor eterno a la humanidad entera. Por eso en esta fiesta del amor caben todos, desde gente de la calle con testimonios o proyectos enriquecedores hasta alguna persona del mundo de la fama a la que no le importa mostrar su amor a la Virgen. Y esto cambia vidas, las primeras las nuestras, y después la de mucha gente que nos ha escrito que ha descubierto el amor de Dios y que hoy su vida es una fiesta porque ama de verdad.

Y no nos conformamos con lo digital, vamos a lo presencial. Ya son varias las macrofiestas presenciales que hemos celebrado en distintas ciudades de España. También nos fuimos de peregrinación a Medjugorje, un pequeño pueblo de Bosnia y Herzegovina donde la gente tiene encuentros preciosos con la Virgen, y todo con un único propósito: amar hasta el final.

Es sacrificado, porque no faltamos un domingo, y cada uno tiene su trabajo y su labor en nuestros perfiles de Instagram. Pero a mí rezar el rosario con estos tres amigos me ha cambiado si cabe más la vida, primero porque me acerca más a Dios, y segundo porque me lo paso genial con ellos.

Quiero hablar de Clara, que es mi «monologuista» preferida. No sabe hablar sin hacer reír, es innato; con ella me río sin parar hasta quedarme sin respiración. Recuerdo una noche en Madrid mientras cenábamos después de nuestra primera macrofiesta presencial en la parroquia del Buen Suceso. Se puso a hablar y la conversación volvió a derivar en un monólogo, le sale natural. La cuestión es que yo casi entro en apnea. No podía respirar de tanto reír, las lágrimas brotaban de mis ojos, y el estómago se me encogía. Llegó un momento que empezó a dolerme mucho la cabeza, tanto, que me duró varias horas. Jamás, repito, jamás, me he reído como aquella noche. Ahora mismo, mientras escribo, me sale una sonrisa. Eso es lo que consigue ella, hacerme sonreír y reír hasta que no puedo más. ¡Qué amiga tan maravillosa es Clara, que es capaz de transformar la mayor desgracia en un chiste de llorar de risa! Saca de mí lo mejor y es otro auténtico regalo en mi vida.

No sé lo que durará esta fiesta, será lo que el cielo quiera, lo que está claro es que al final uno saca de todo esto una conclusión, y es que a Jesús se va por María. Ella llevó a mi marido al retiro de Emaús y transformó nuestra vida. Pero no se quedó ahí, lo sigue haciendo cada día, porque este amor no tiene techo.

Así que directamente me eché al ruedo un día y no tuve vergüenza en mostrar al mundo que rezo, que pido perdón en la confesión, que voy a misa y que, por supuesto, amo a la Virgen y a Jesucristo. Es más, me encanta decirle al mundo que hago todo eso, porque realmente me da la gana amar y también rezar, y ese es el secreto de mi alegría y mi felicidad. No hay otro, quizás se pueda esperar algo extraordinario, pero el secreto de toda esta historia es simple: Dios llamó un día, el día que mi marido abandonó esta tierra, cuando peor me encontraba y me desgarraba por completo, a las puertas de mi corazón. Yo se las abrí y transformó de una manera arrolladora mi vida, le dio sentido y vino a cambiarla para siempre. Y ese dolor profundo que sentía se fue convirtiendo poco a poco en un amor trascendente que tuve la necesidad de no quedarme solo para mí, sino de compartirlo con todo el que quisiese conocer esta historia, una historia donde un día la muerte fue transformada en vida… en mucha vida.

El Señor ha cambiado toda su vida,
Quién lo diría de aquella pequeña niña,
Traviesa y tozuda en cada pasito,
Inquieta y sensible hasta el último grito.
Se llevó aquella alma soñadora y viajera
Para traer una nueva, llena de paz y fe ciega.
Aquella inocente niña voló por sorpresa,
Llegó una mujer serena y siempre despierta.
Ya nunca nada será lo de antes,
Descubrió una vida llena de interrogantes.

No importa, Señor, la cruz que me mandes,
Prometo abrazarla sin muchos desmanes.
Sé que este sufrimiento es bueno y fecundo,
Quizás algún día lo entienda, allá en el otro mundo.
De momento solo me queda confiar,
Abrir mi corazón y dejarme modelar.
Contarle al mundo esta bonita verdad:
¡Jesucristo está vivo!
¡Abrid el corazón y dejadlo entrar!

Menos razón y más corazón

Eran las once menos diez del 9 de mayo de 2023. Ese día cumplía treinta y siete años. Fue un día muy normal. Acudí a trabajar como cualquier otro y seguí mi rutina tal cual a excepción de una cena, donde soplé las velas para dar gracias por un año más de vida.

Después de cenar y acostar a mi hija cogí el ordenador y me puse a continuar con el libro. Estaba escribiendo los capítulos posteriores a la muerte de Manu, necesitaba inspirarme. Abrí las notas del móvil de 2018. Empecé a releer las cartas que le escribía días después de su muerte. La gran mayoría no las había vuelto a leer, es doloroso recordar determinados momentos tan duros, sobre todo de los días posteriores, es imposible no llorar. No obstante, quise leerlas todas, necesitaba sacar información, trasladarme a aquellos días. Me detuve en la del 25 de mayo de 2018. Estaba escrita justo una semana después de su muerte, un día antes de la boda de mis cuñados. Tuve que leerla varias veces. Estaba muy impactada por comprobar lo que es capaz

Dios de susurrar en el corazón del hombre. Y es que no nos damos cuenta, pero nos habla continuamente, es cuestión de estar atentos y hacerle caso a nuestro corazón, que en el fondo nos enseña el camino que debemos tomar. Y, además, hay un signo que nos muestra que vamos en la dirección correcta, y es esa sensación de paz, aunque en tantas ocasiones no entendamos.

Me di cuenta de algo, mi corazón volvió a latir muy fuerte y entré en una leve taquicardia tras ojear esas líneas. Lloré y di gracias a Dios porque aquello que estaba leyendo después de casi cinco años de haber sido escrito me hizo agradecer todo este tiempo de grandes sufrimientos, pero llenos de amor y de muchísima vida. Estas líneas fueron un auténtico regalo de cumpleaños, quizás de los más bonitos e importantes de mi vida, pues pude comprobar de nuevo que, aunque duro el camino, ¡todo está bien hecho, Señor, porque Tú nunca te equivocas!

Querido Manu:
Sigo reflexionando mucho sobre lo ocurrido. Está claro que hemos sido elegidos. Me siento muy afortunada de haber sido tocada de la mano de Dios, a la vez que siento un dolor profundo imposible de explicar, como los planes de Dios.

Te fuiste sin razón, sin enfermedad, sin penas ni penurias, lleno de vida, de alegrías y de éxitos. Se paró tu corazón, aunque nadie sabe muy bien la razón. Me cabe pensar que alguien lo paró, lo paró, para que entraras en el Reino de los Cielos por la puerta grande sin dolor ni sufrimiento. Pues estaba todo arreglado para dejar el menor sufrimiento posible en la tierra, como un engranaje perfecto donde todo encaja y cobra sentido. Da respeto pensarlo, pero lo creo firmemente porque empiezo a unir hilos, conversaciones contigo y momentos vividos, y de verdad que alucino. A tu hija y a mí no nos faltará de nada, pero sobre todo no nos faltará amor. Amor es lo que siento, lo que recibo y doy diariamente, lo que transmito a través de ti. ¿Qué está pasando, cariño? Explícamelo, por favor, a veces intento pensar que me estoy autoconvenciendo para dar justificación a todo esto, pero la gran mayor parte del tiempo creo en ello firmemente. Repito, ¡está todo tan bien obrado! que no puede ser de otra manera. ¿¿Será verdad que nos ha elegido para llenar de amor nuestro alrededor??, ¿¿para acercar más almas a Dios?? Supongo que es muy pronto para verlo, pero es lo que siento en mi corazón.

No obstante, habito en cuerpo humano y el dolor me invade, y la pena me sigue. No poder volver a verte me llena de tristeza, que mi hija no tenga un padre bueno como tú eras son cosas que cuesta mucho comprender. Tú ya no tienes sufrimiento, me cuesta entender que seas feliz viéndome sufrir, pero imagino

que el Señor sabe más. Entiendo que el Dios miseri-
cordioso nos ayudará a seguir adelante y llegar a po-
der ser felices sin ti, tarea dura que espero que un día
llegue.

Perdóname si me quiero ir contigo ya, es humano
no querer sufrir, tú mejor que nadie lo sabes, por eso
dame fuerzas para poder sobrellevarlo, para poder vi-
vir y sonreír, para darle a tu hija todo el amor que me-
rece, confío en ti, en que siempre nos cuidarás como
hiciste en la tierra.

Me voy a dormir, que mañana es un día muy im-
portante, dame fuerzas para poder disfrutarlo.

Te quiero, mi amor,
Laura.
25 de mayo de 2018